ESTRELA FASHION - COLORINDO COM ESTILO

DESENHANDO TENDÊNCIAS

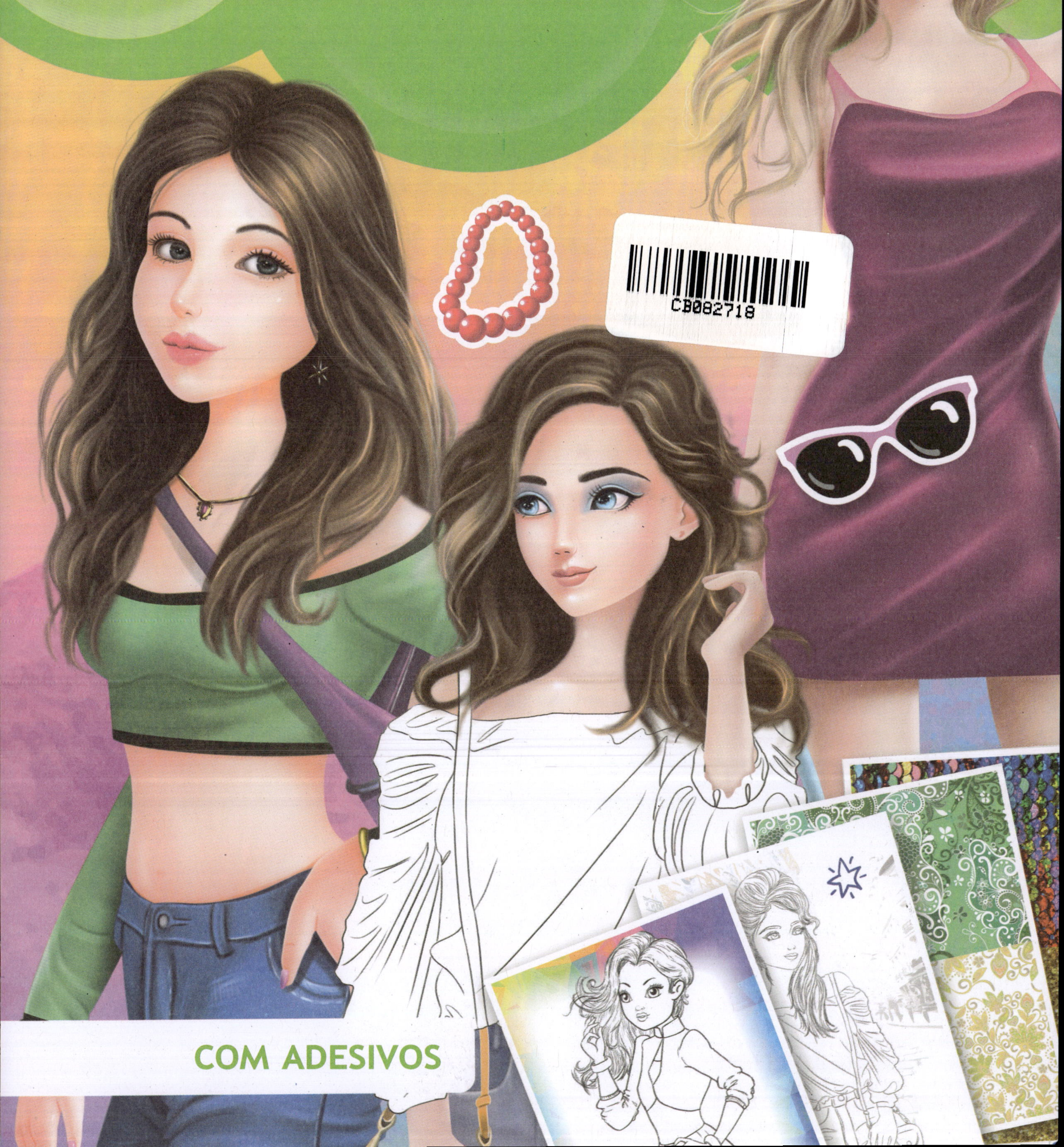

CB082718

COM ADESIVOS

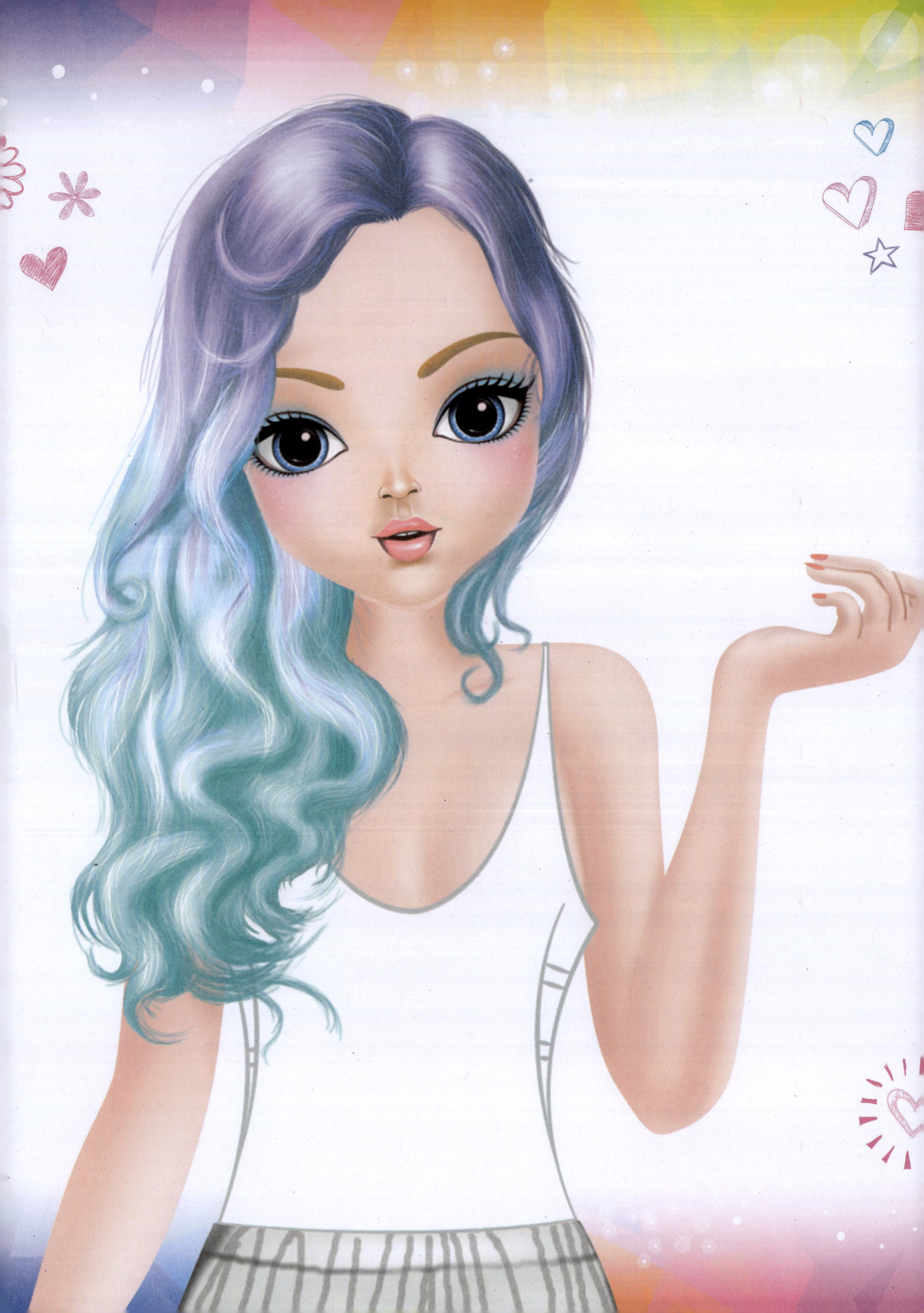

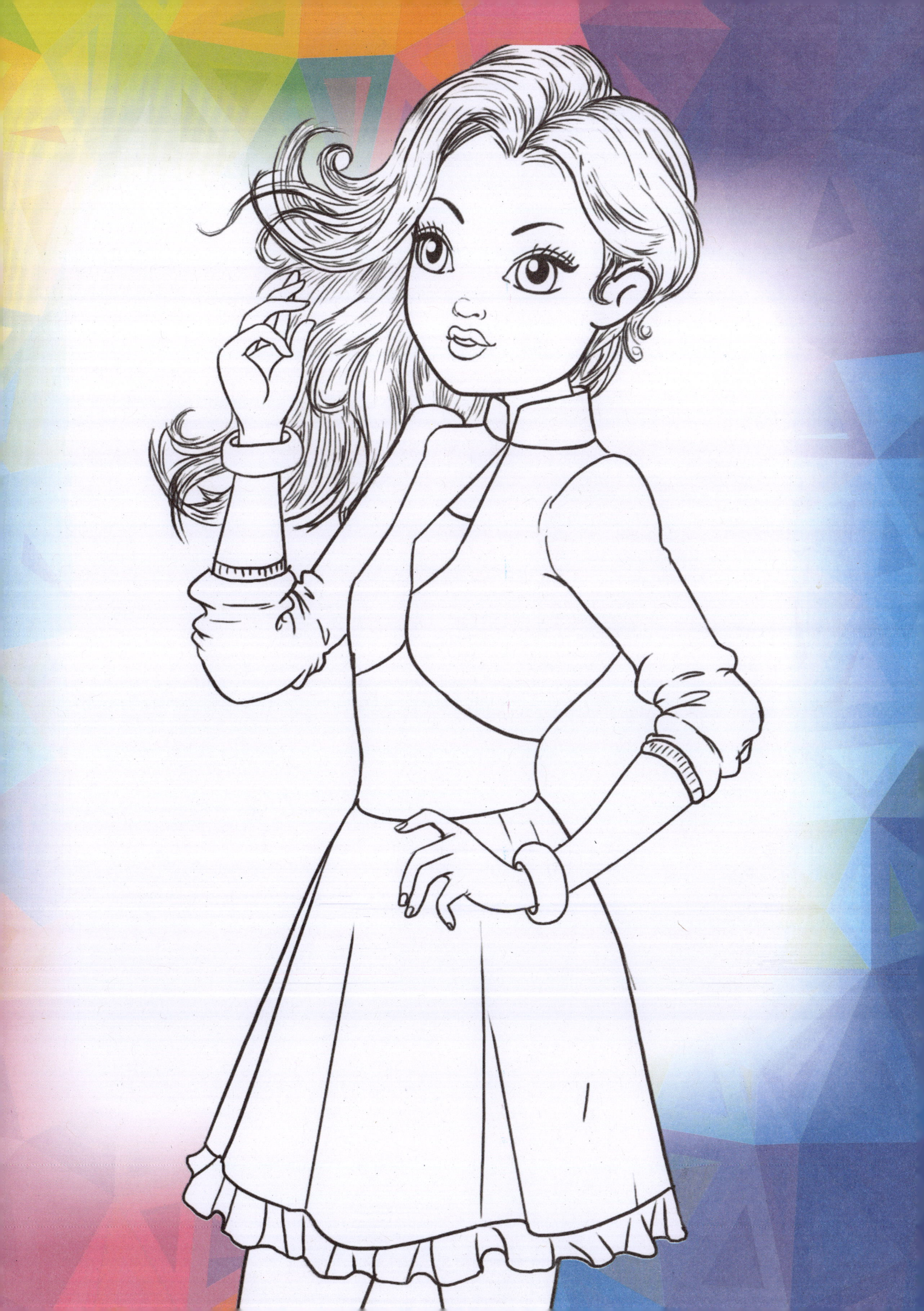

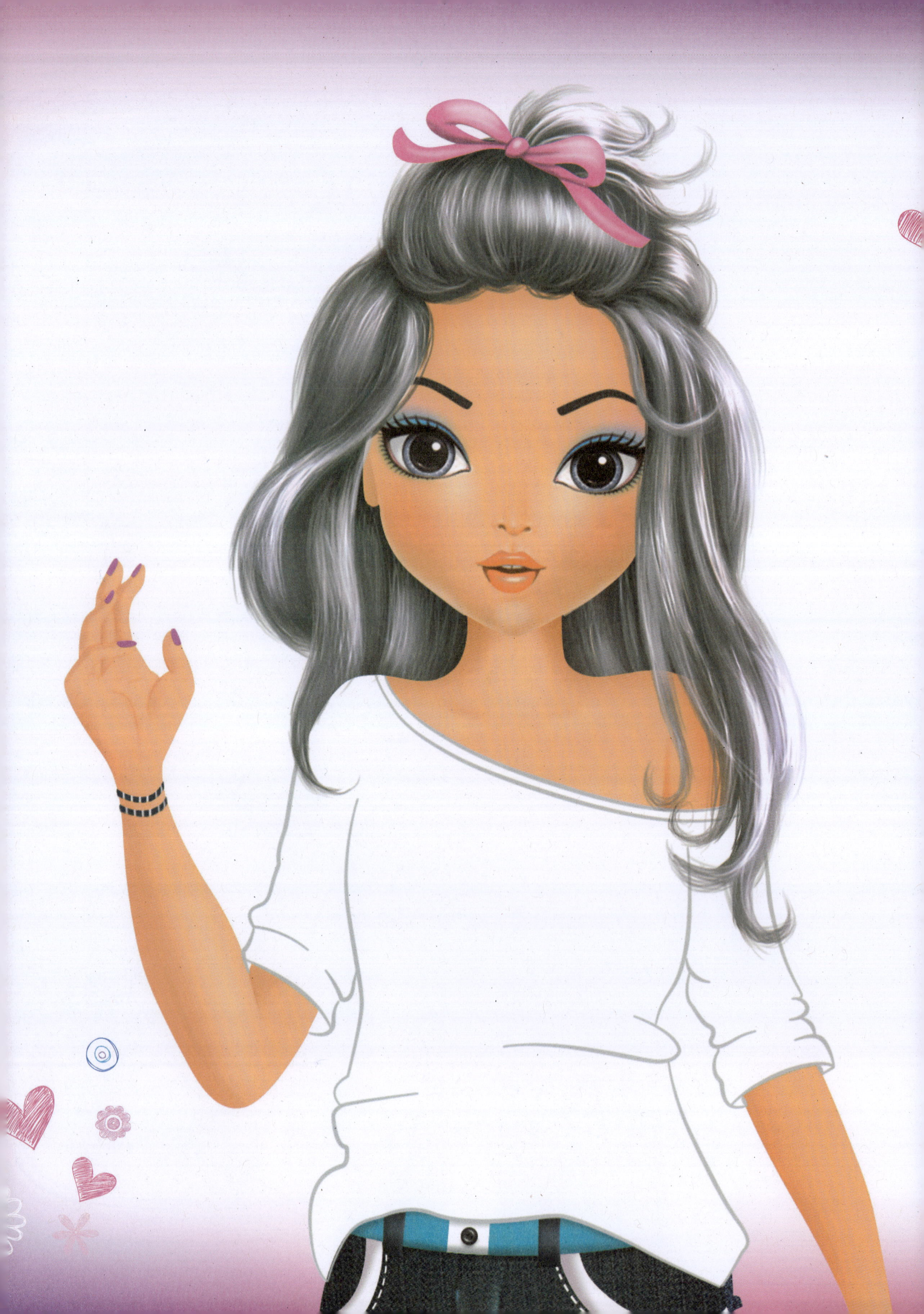

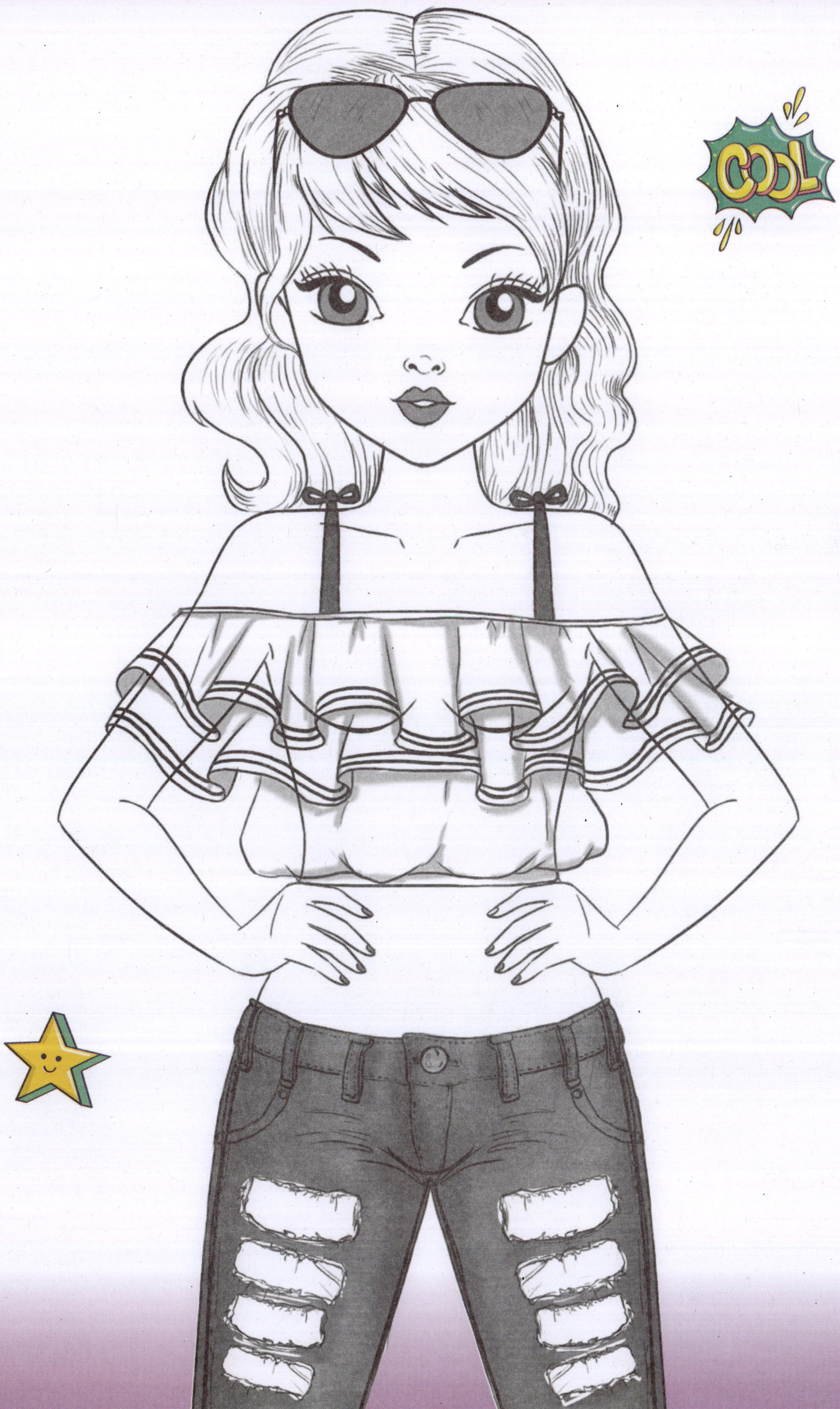
COOL

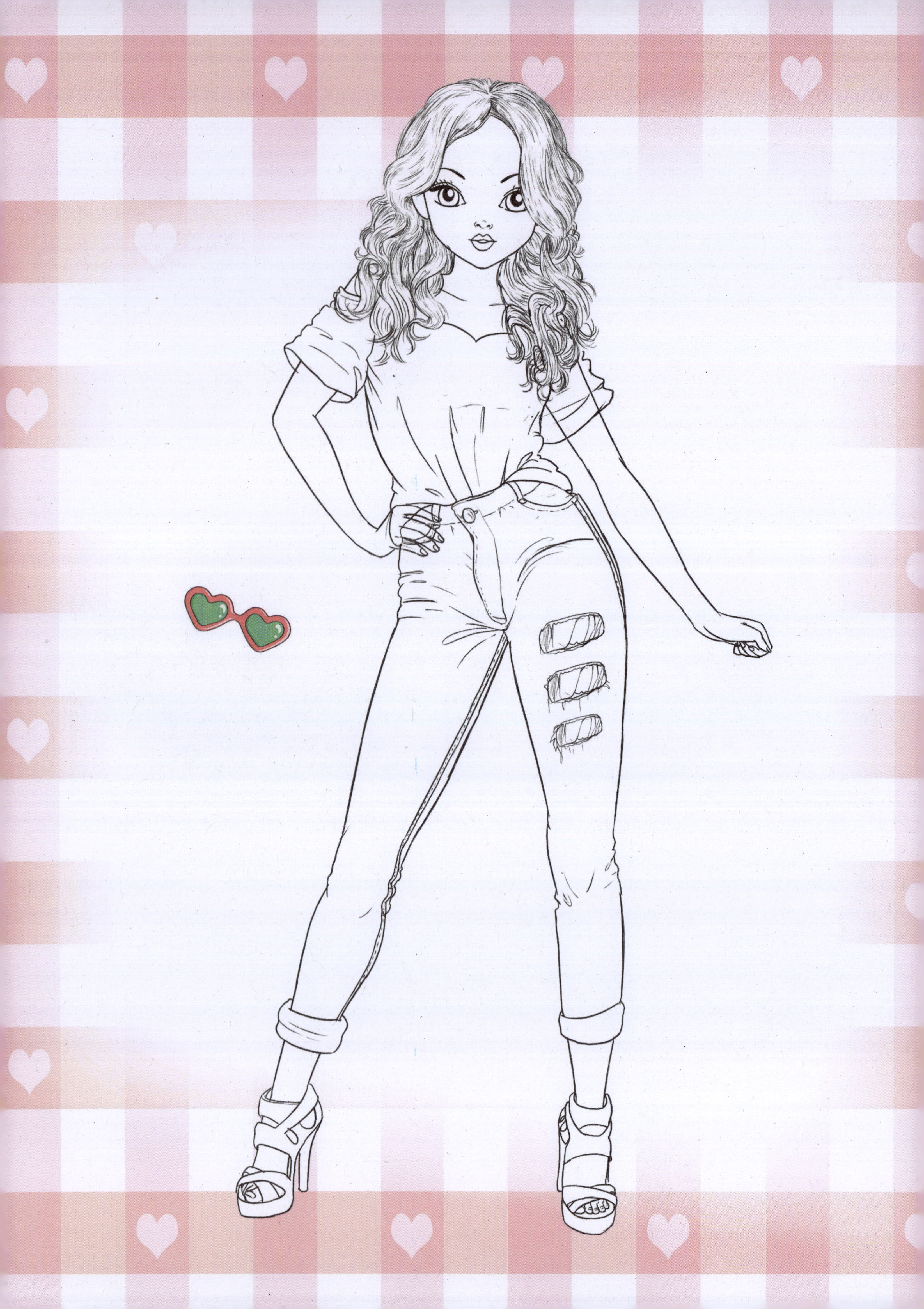

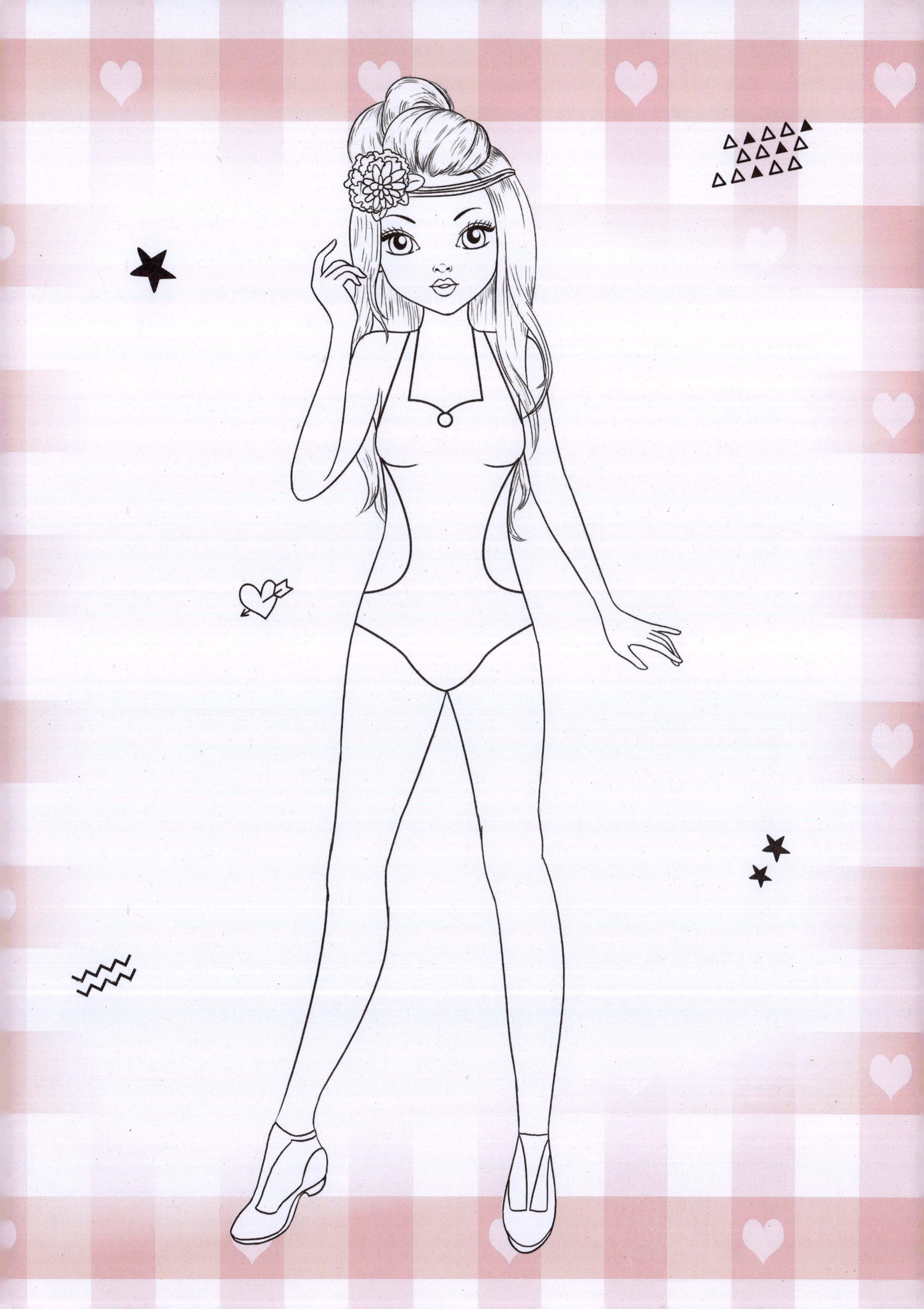

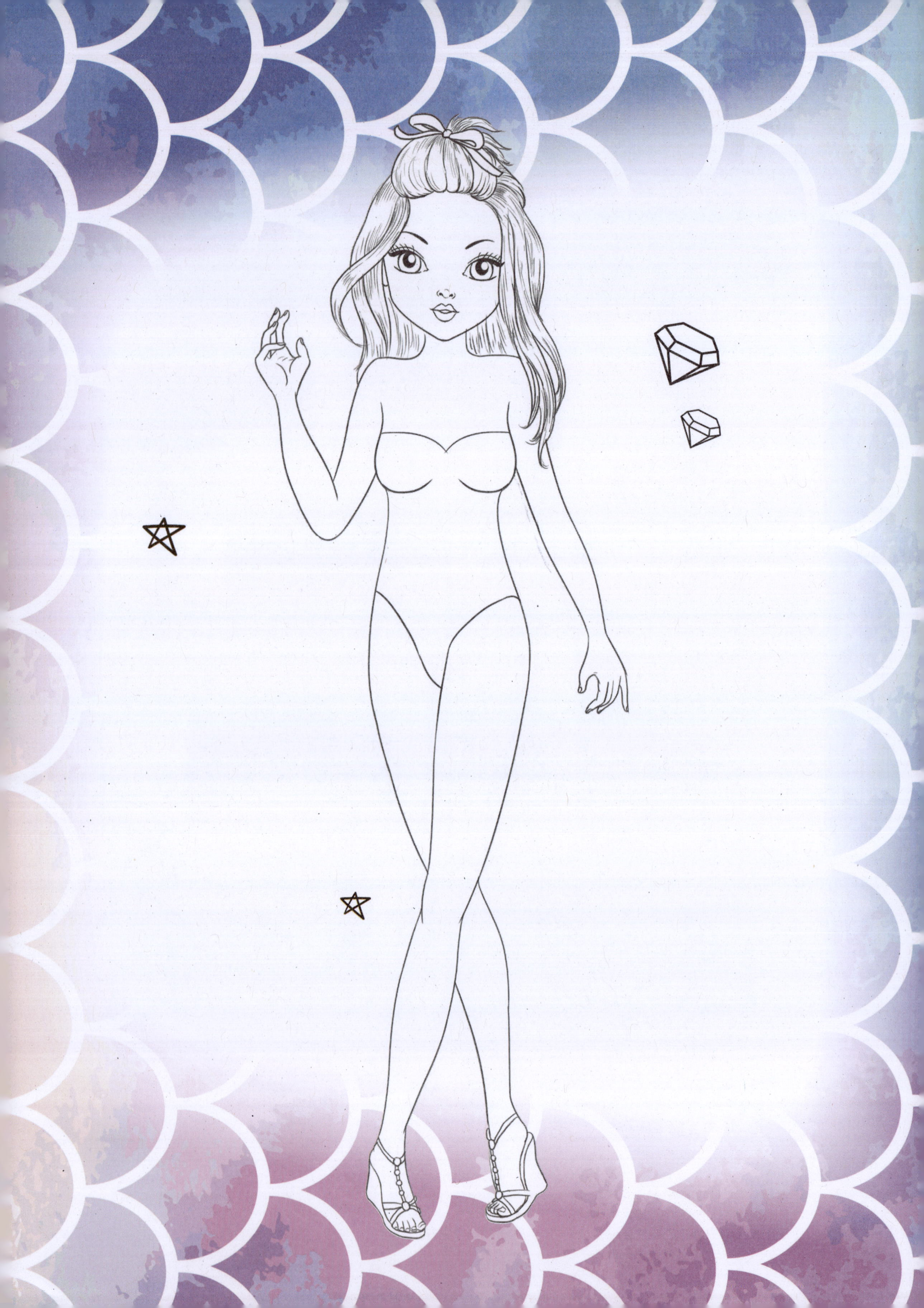

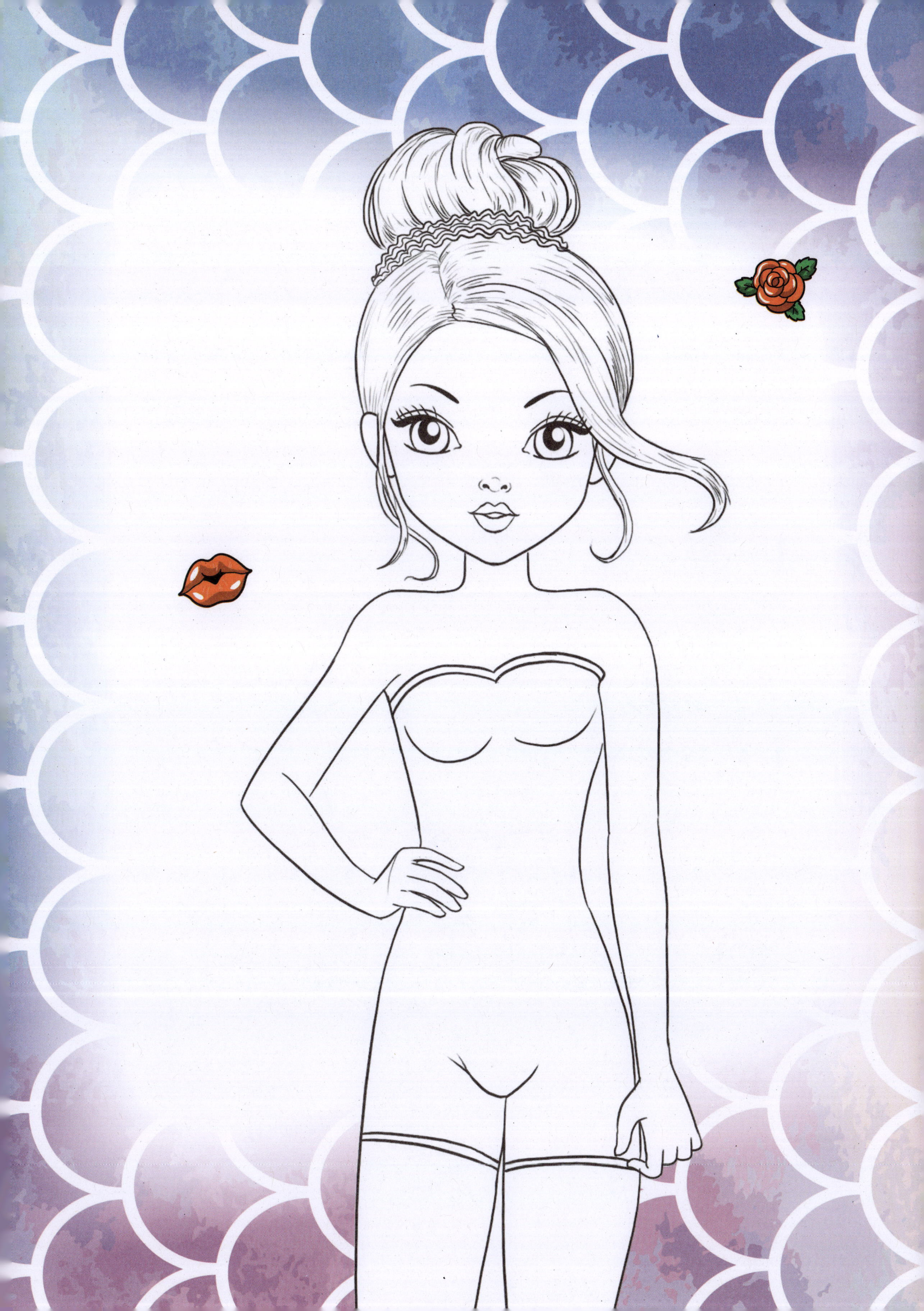

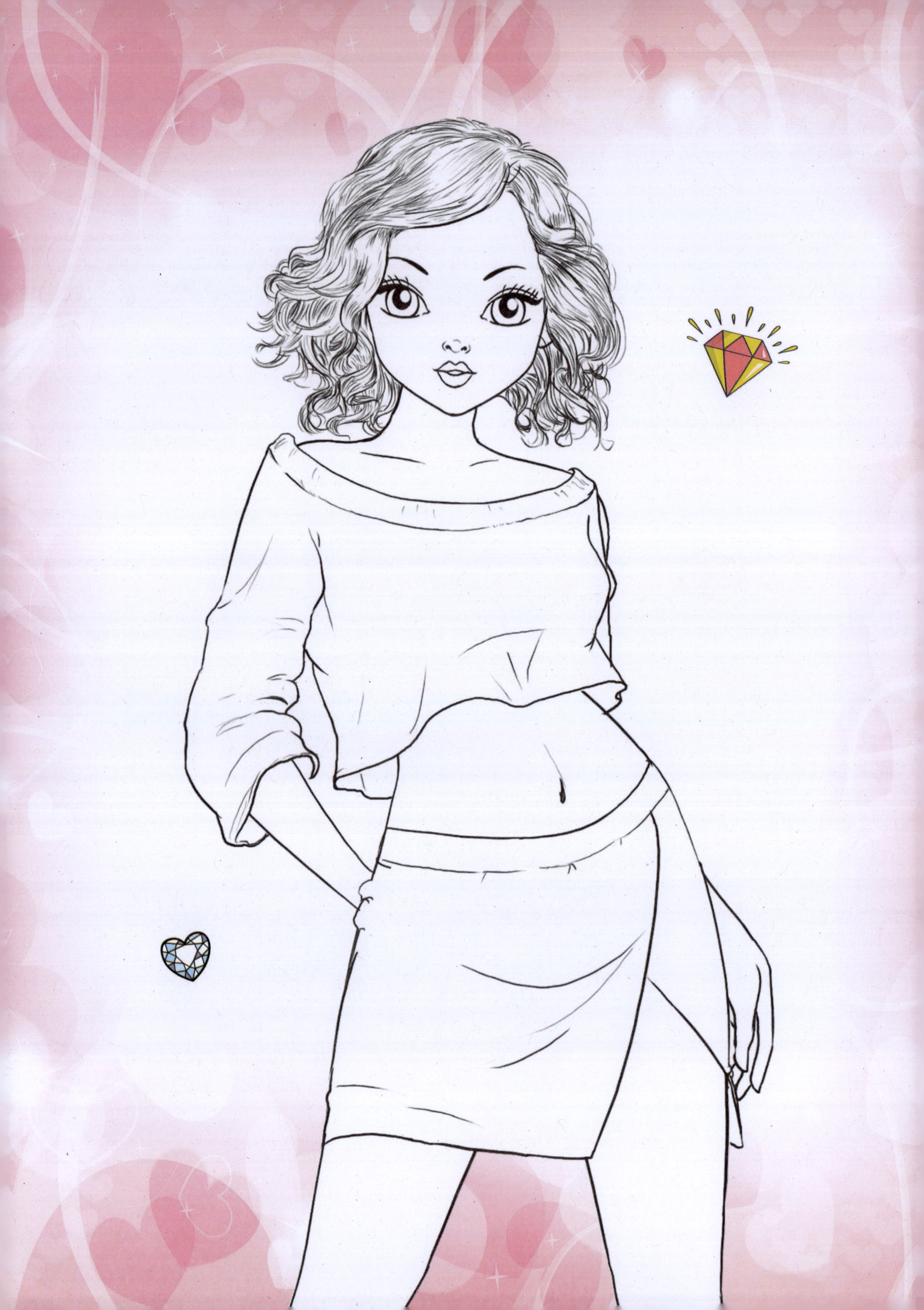

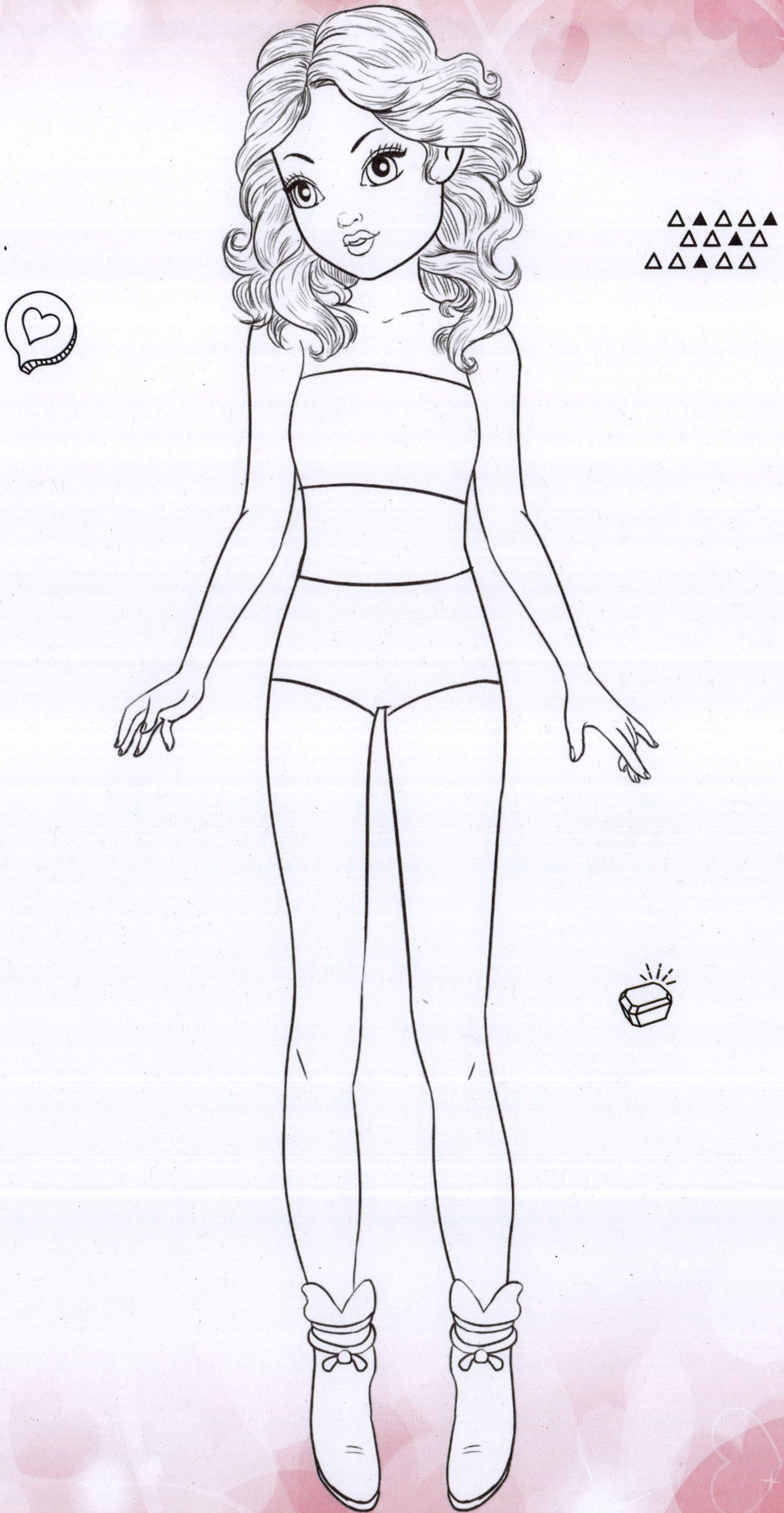

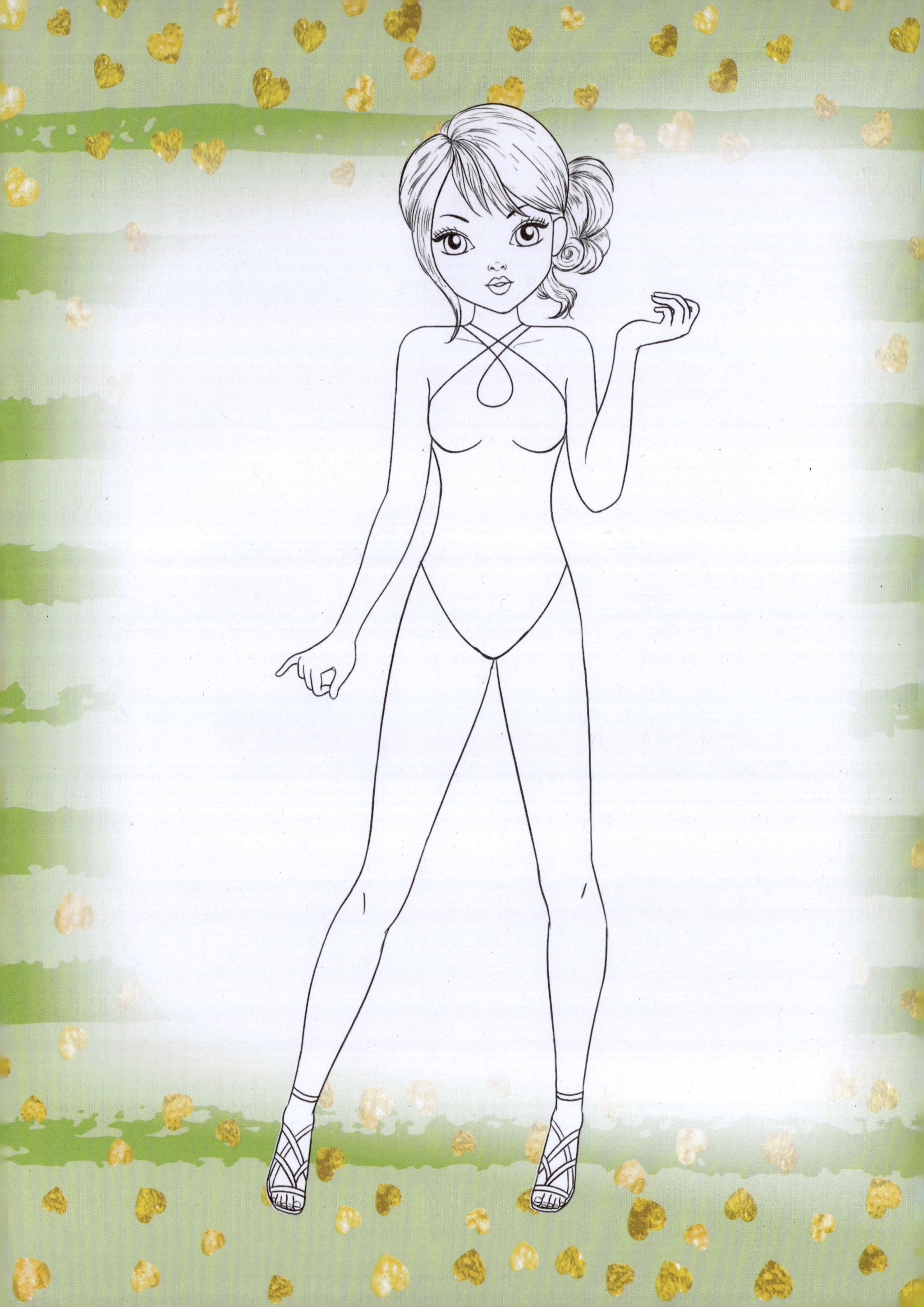

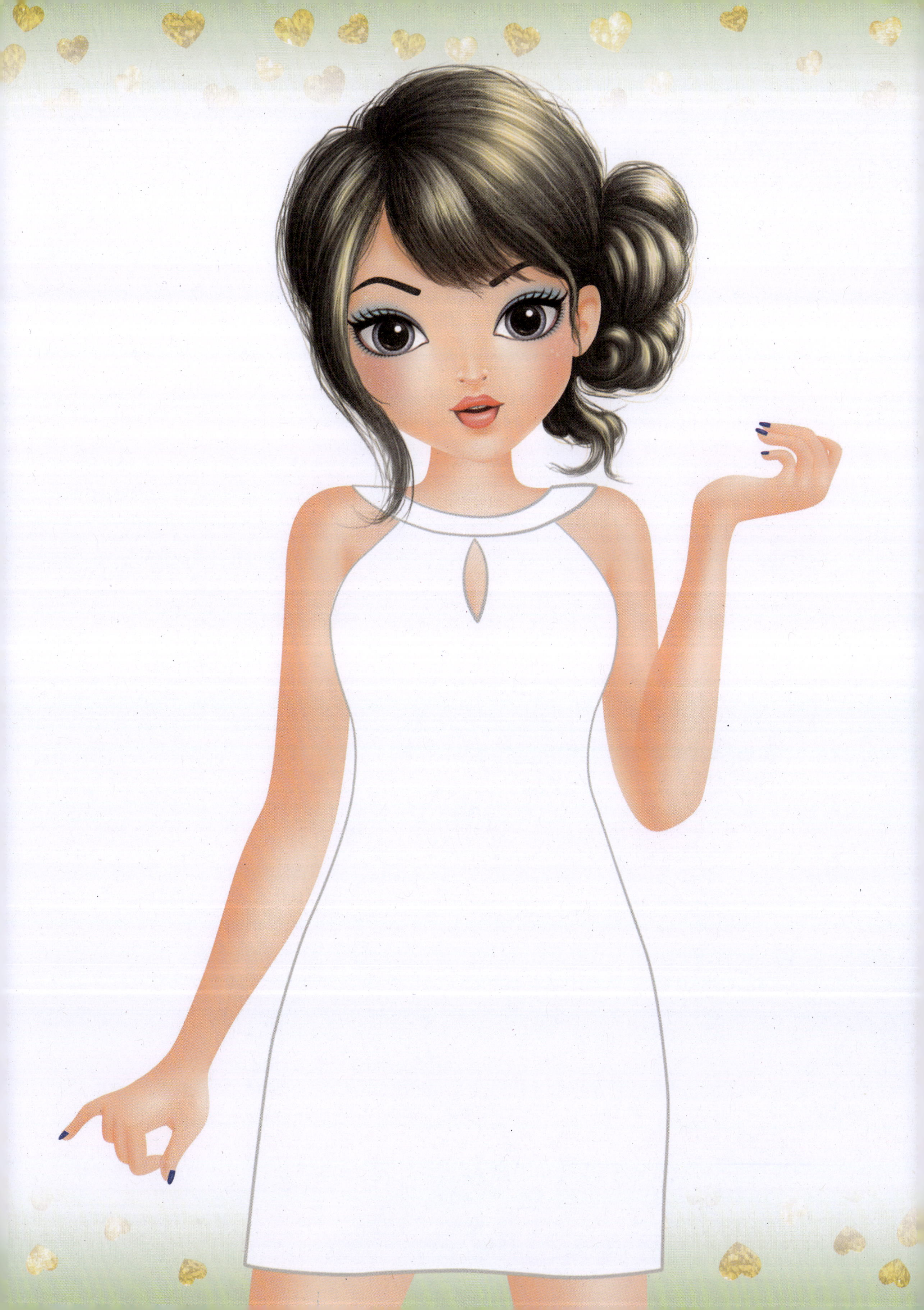

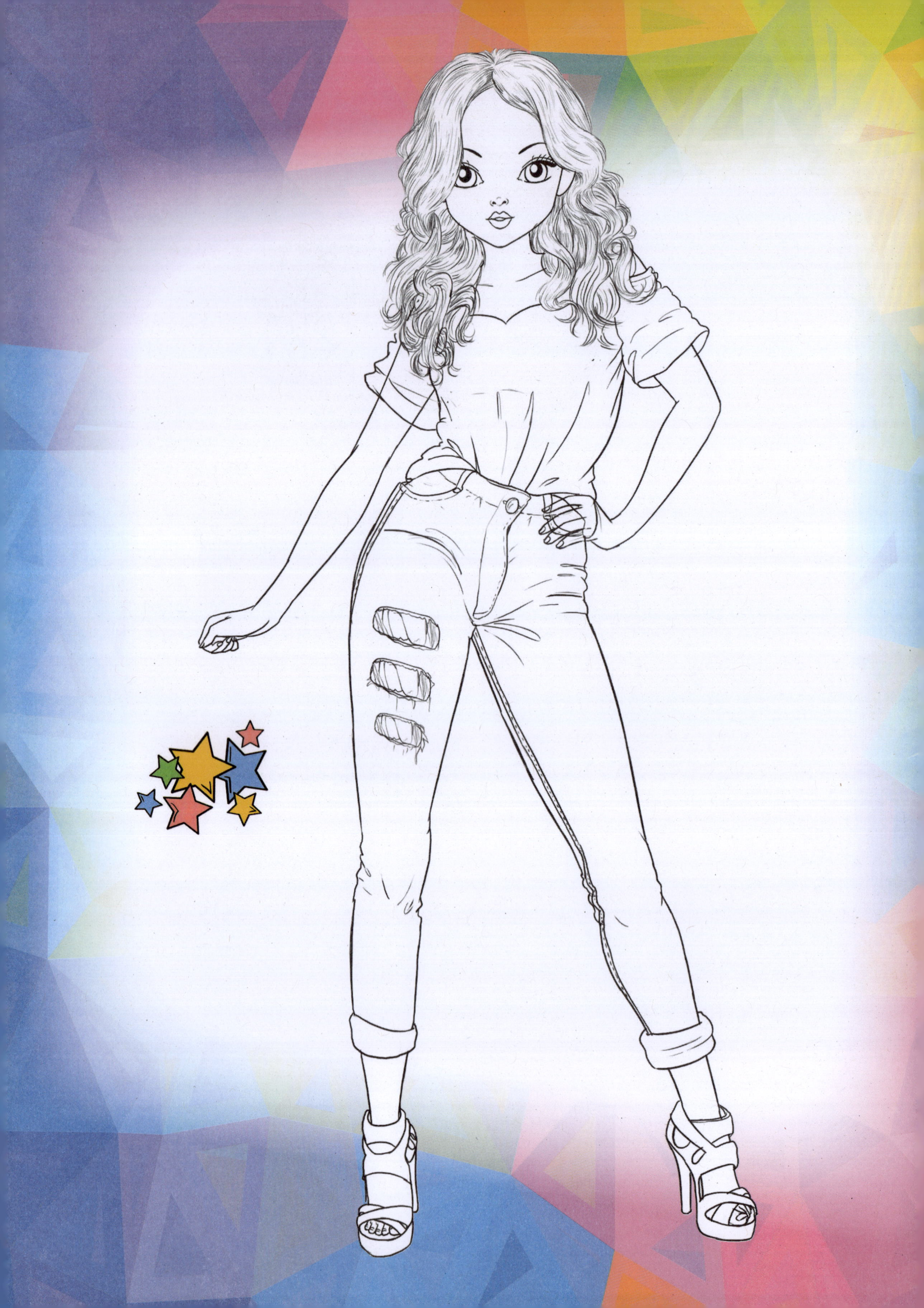

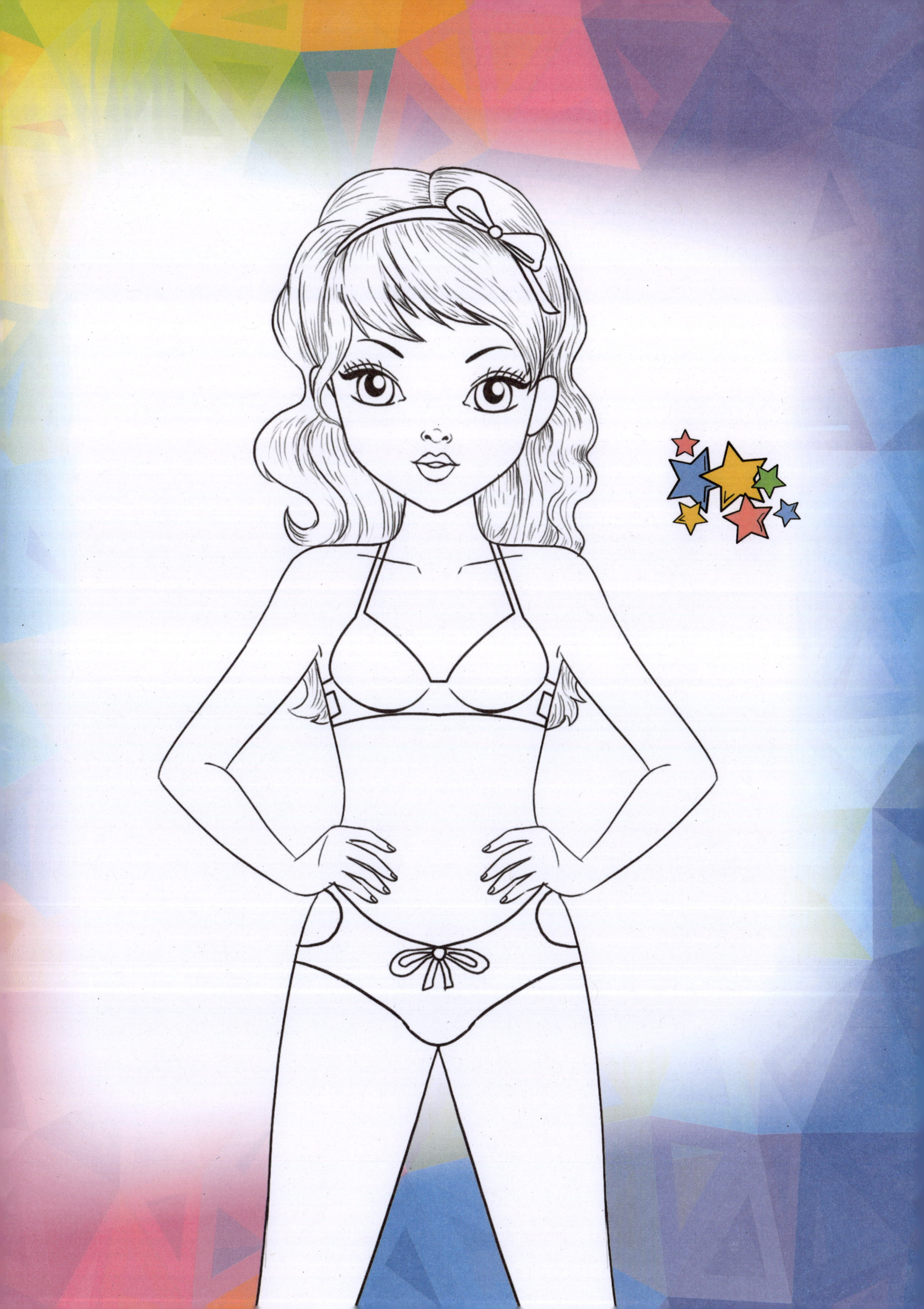

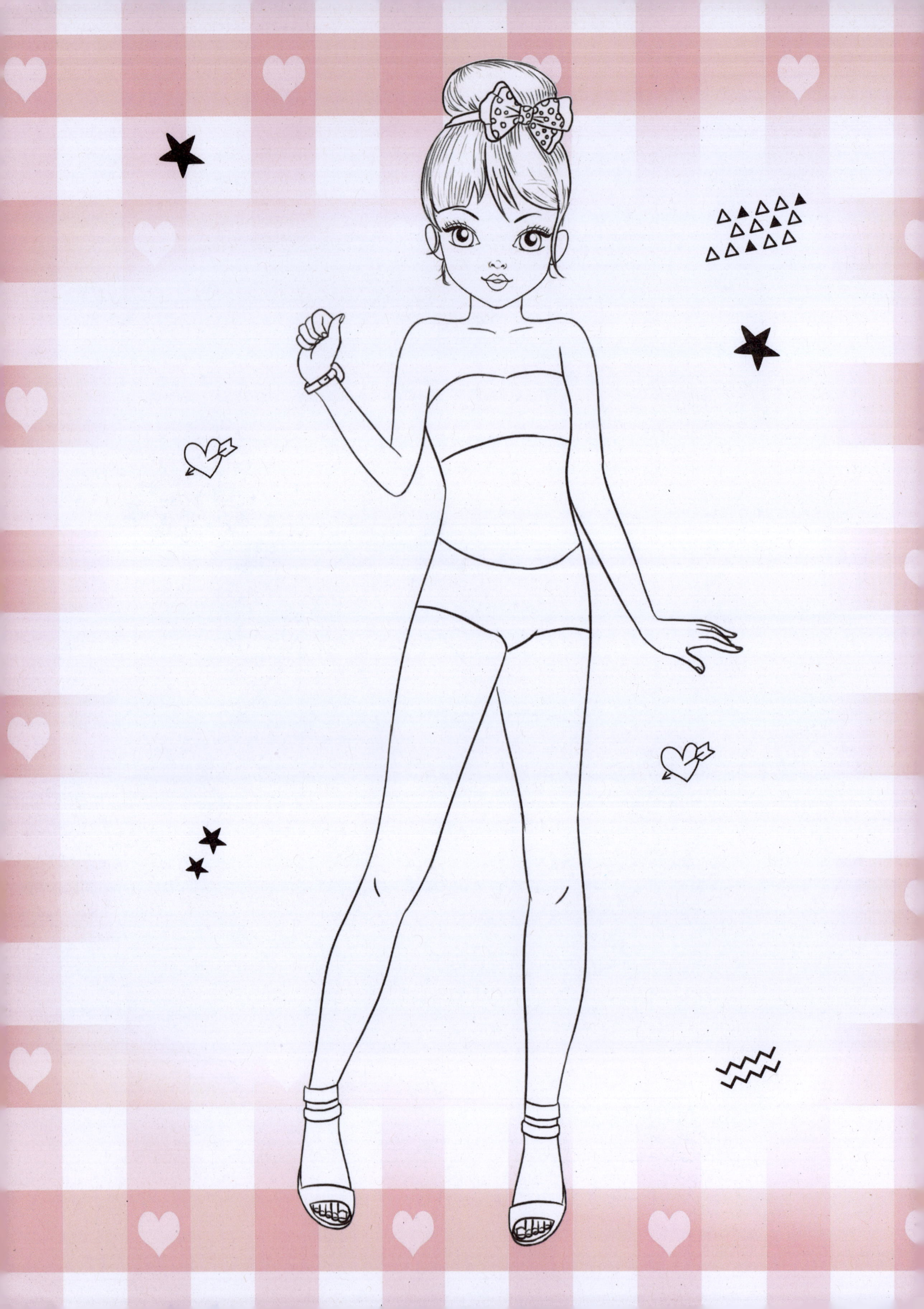

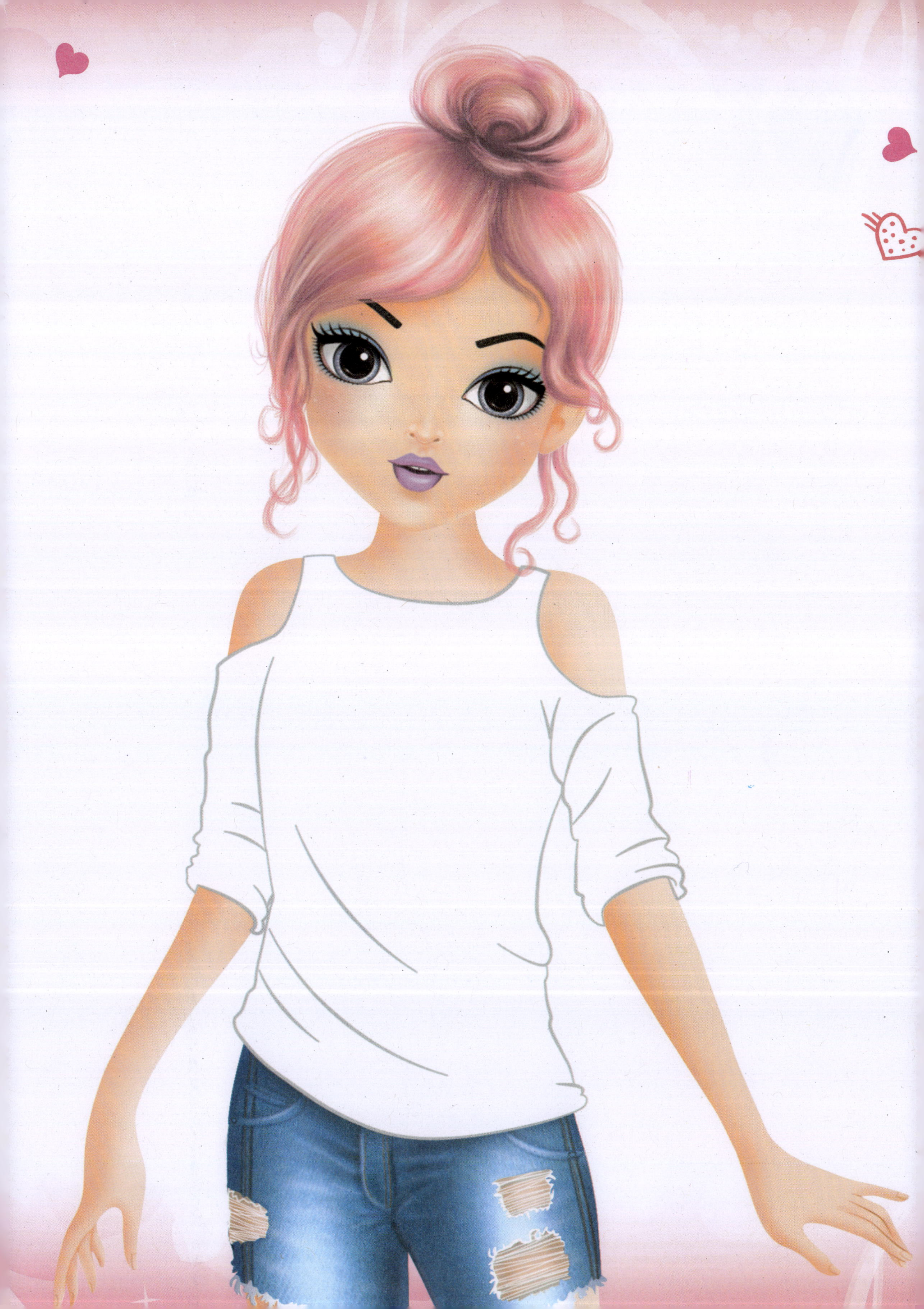

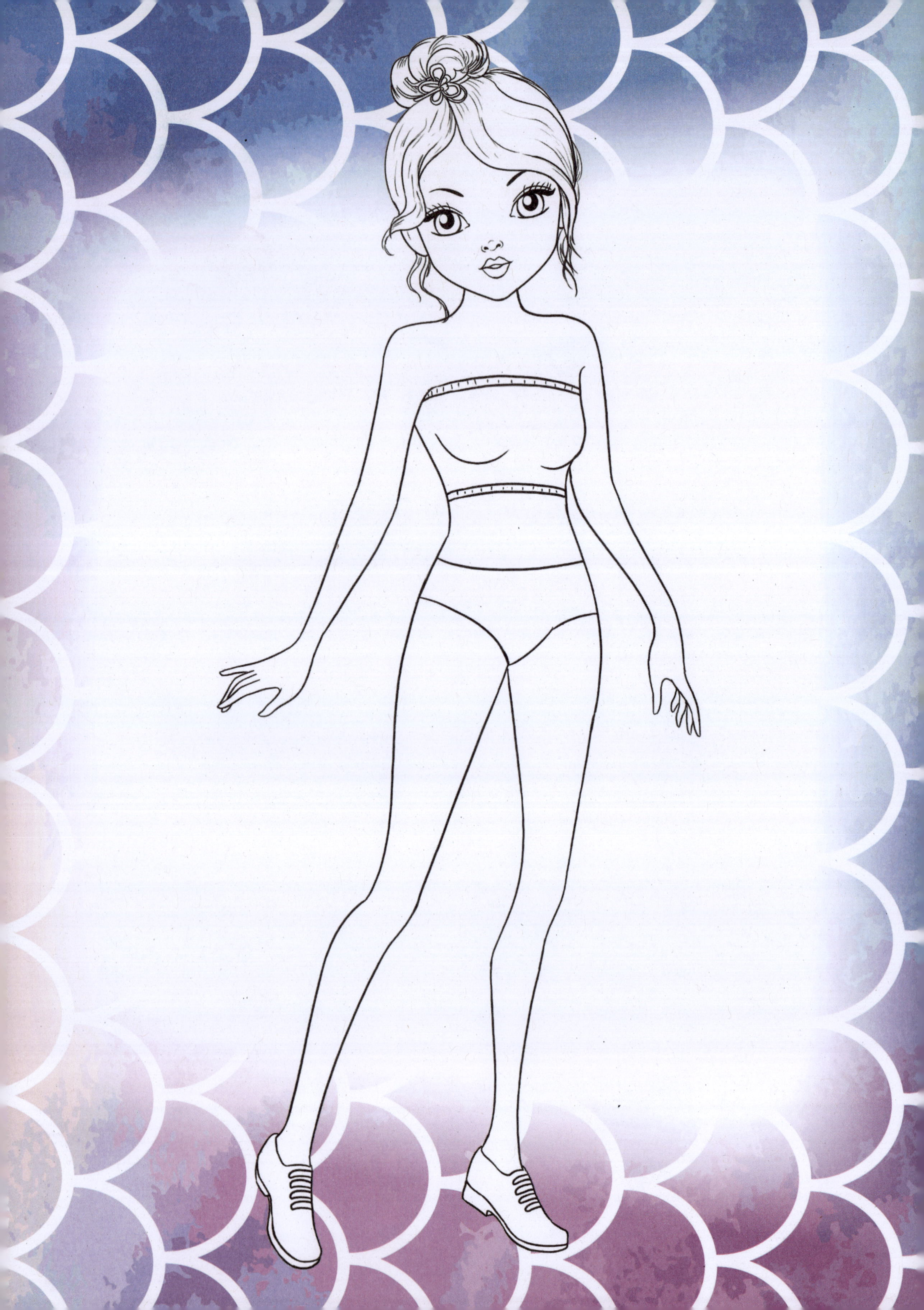

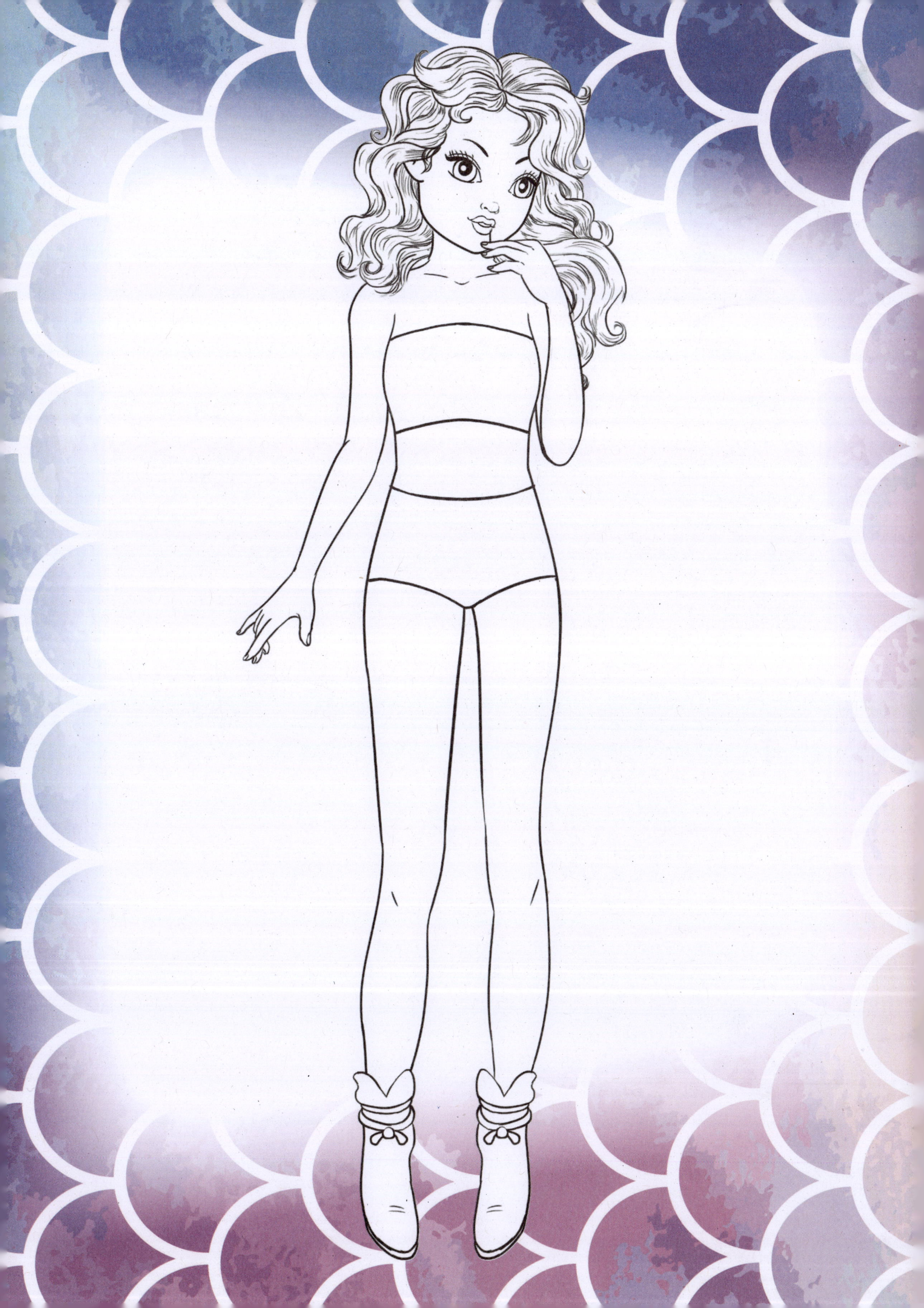

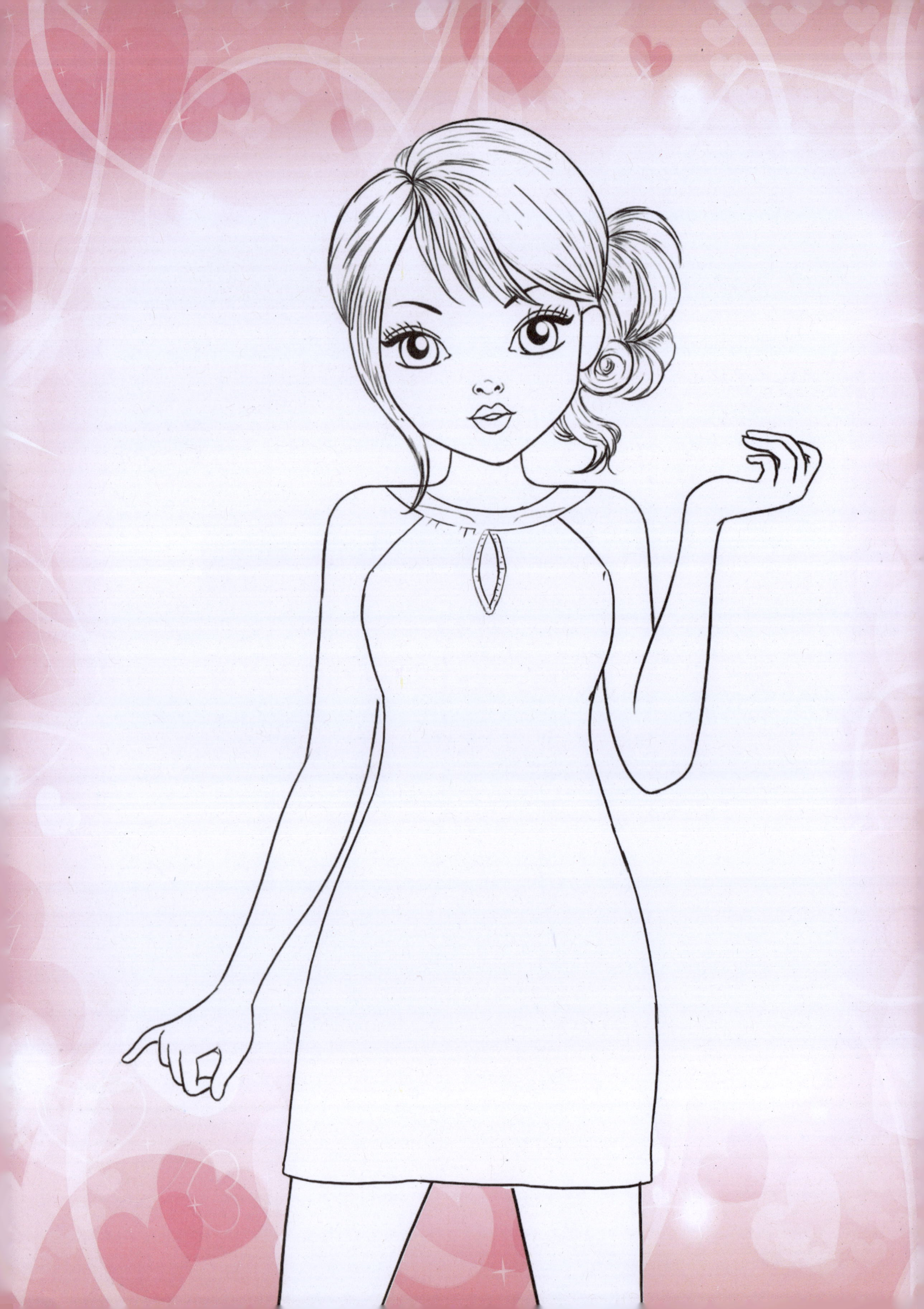

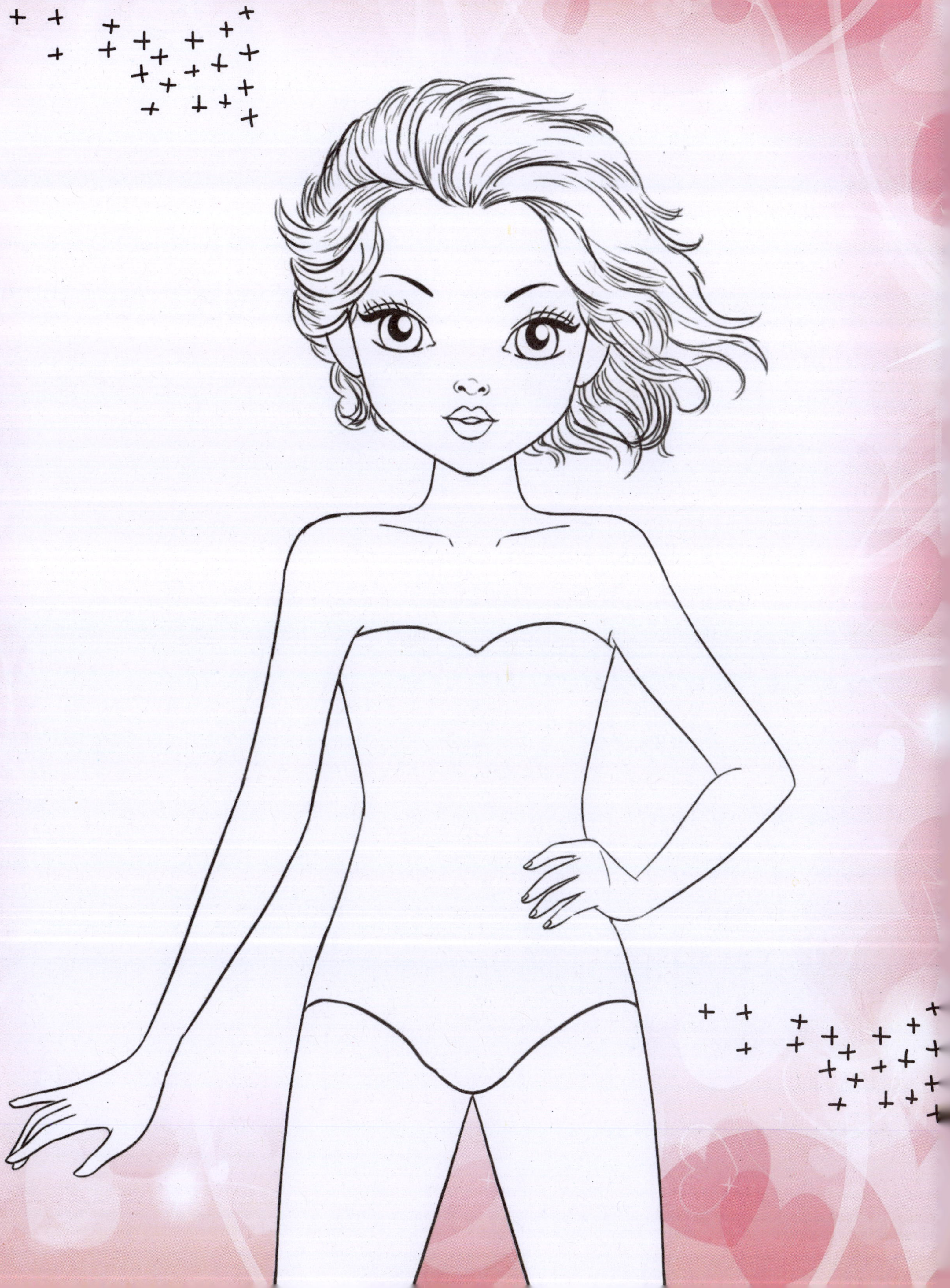

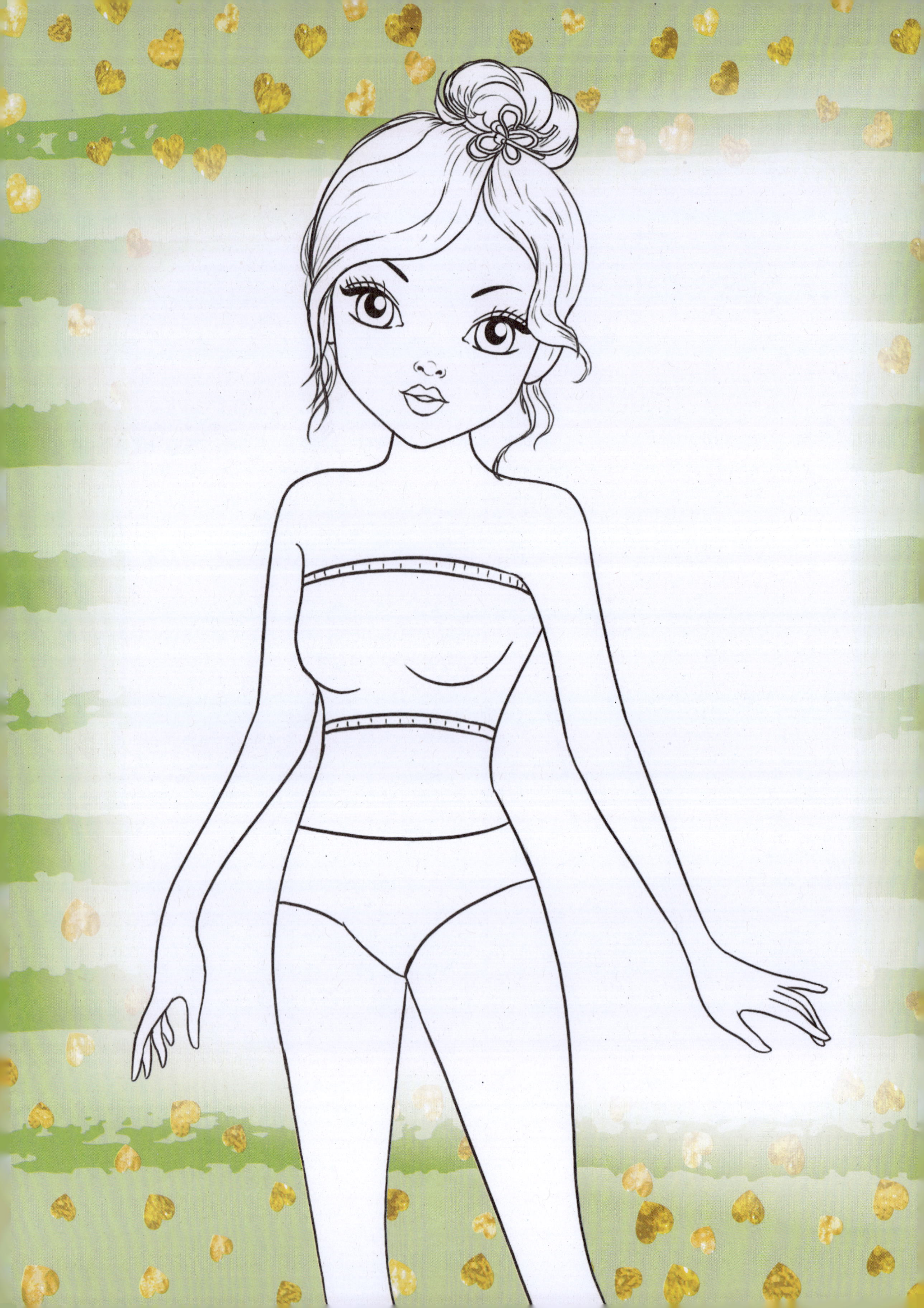

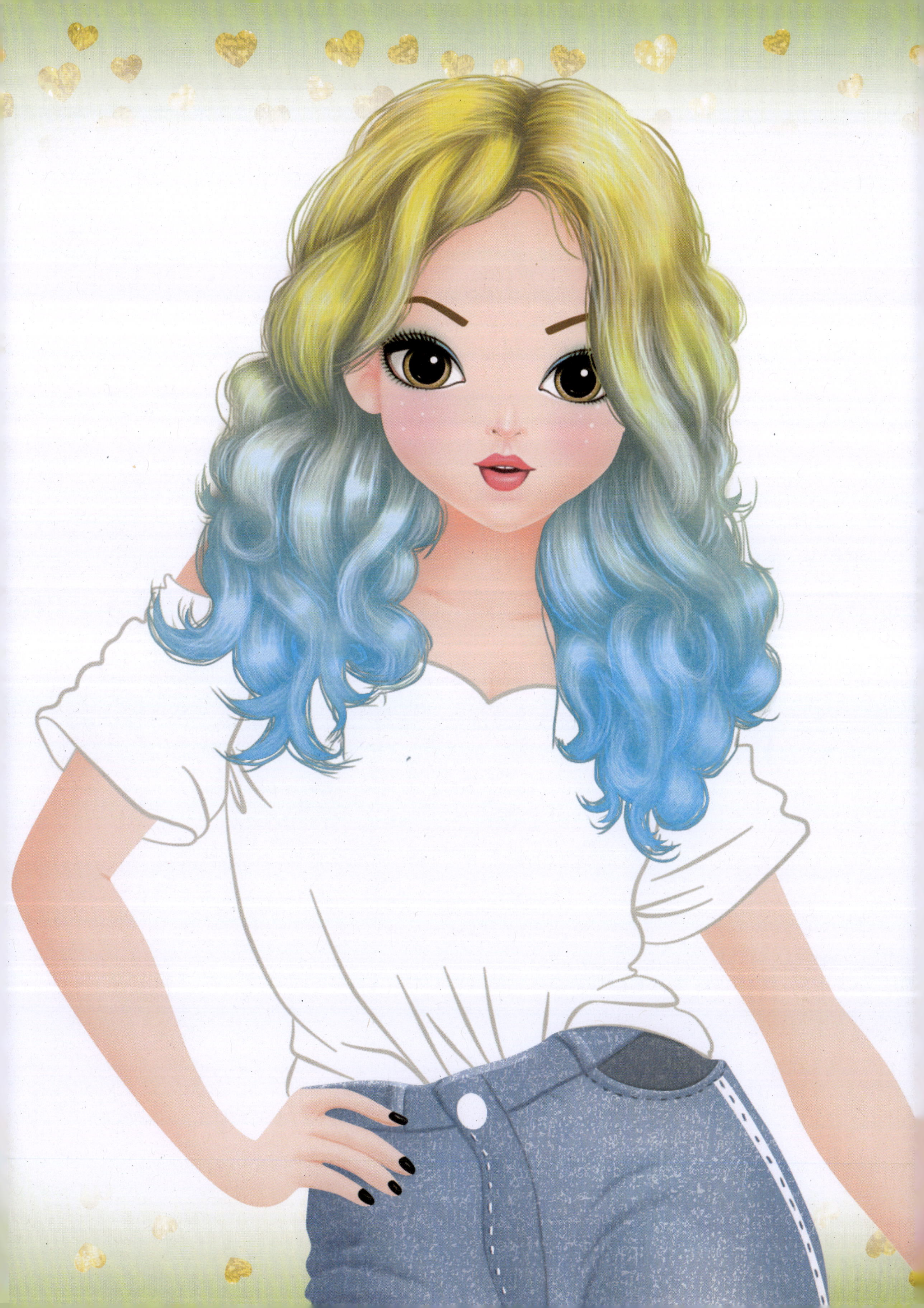

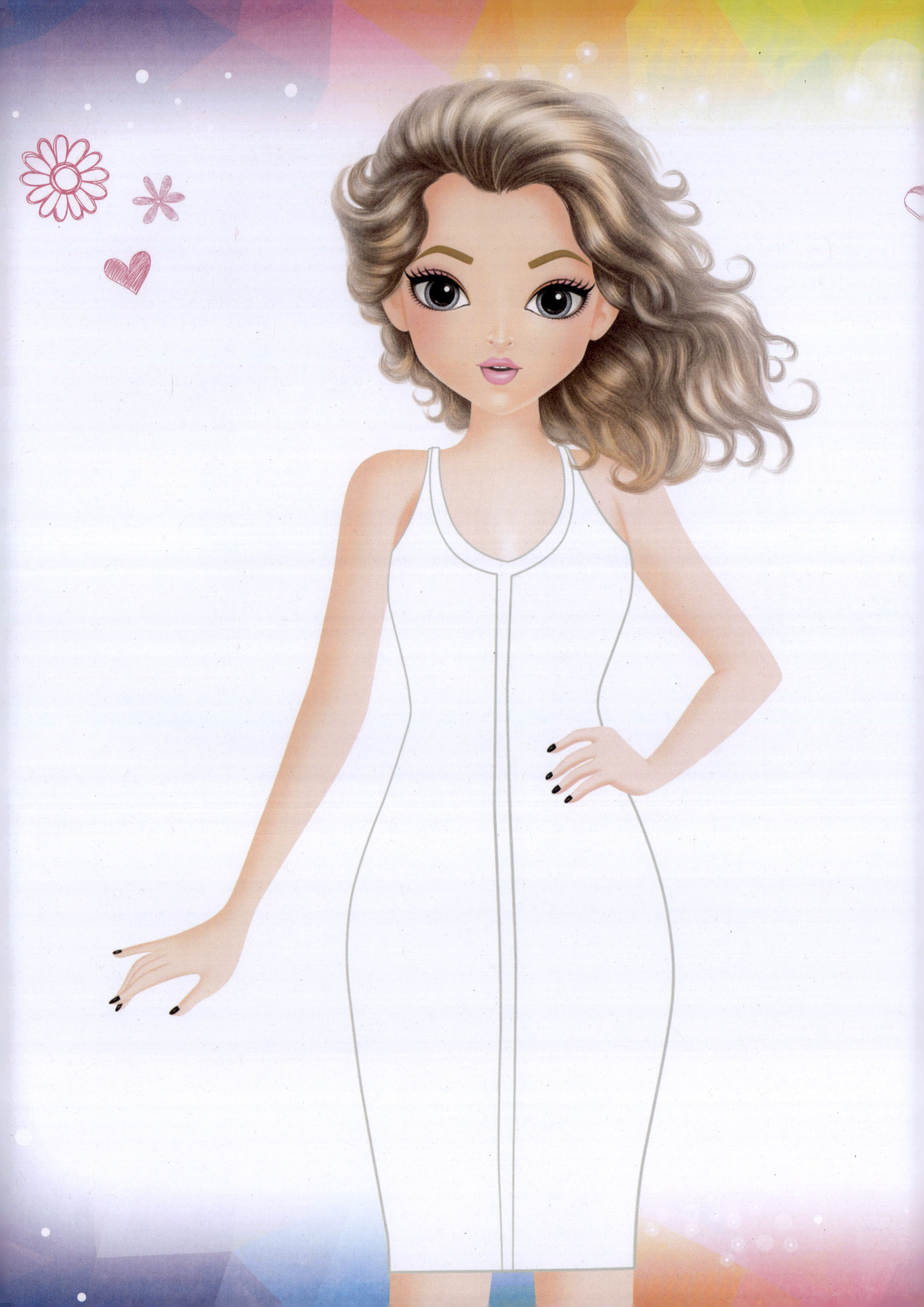

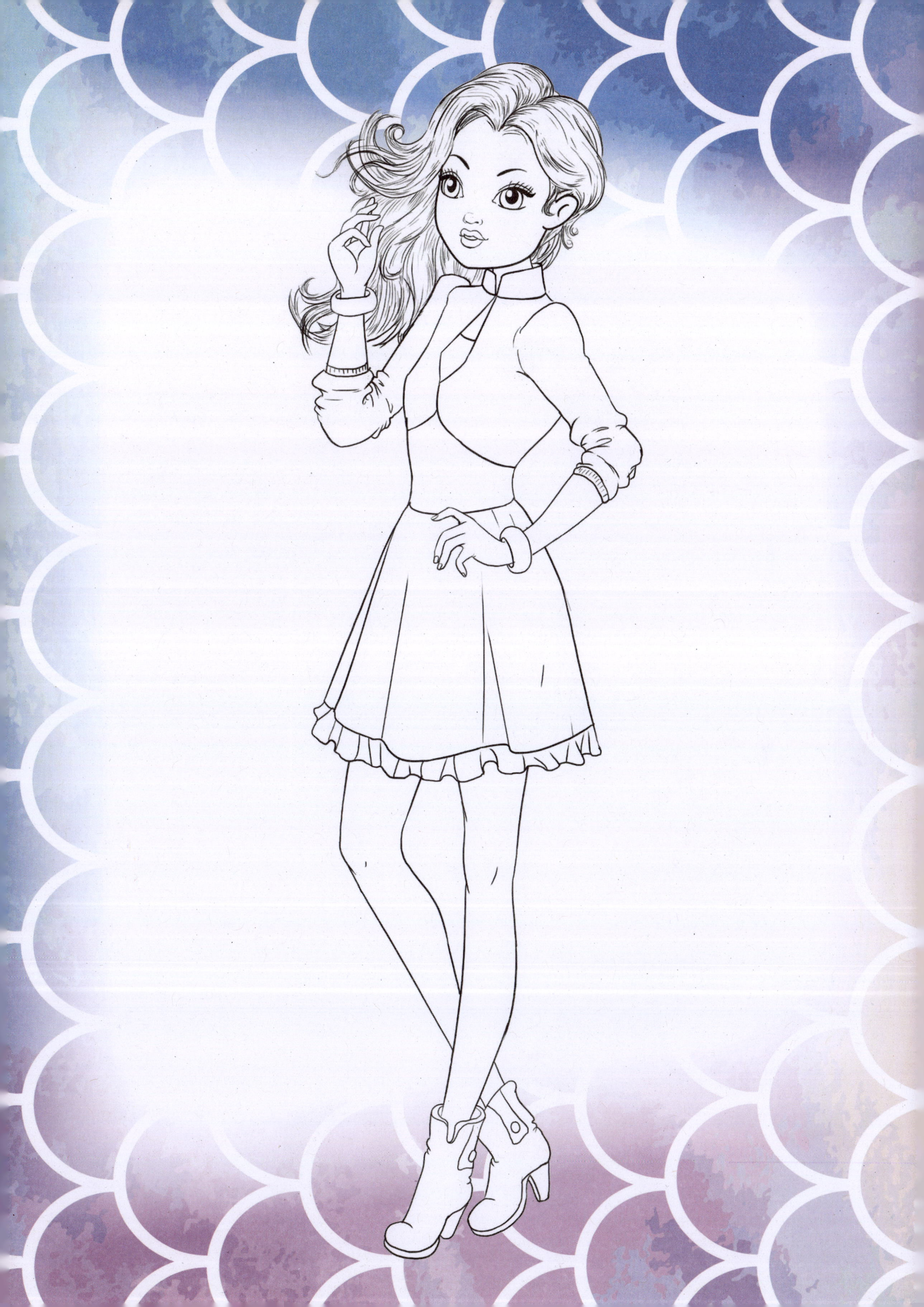

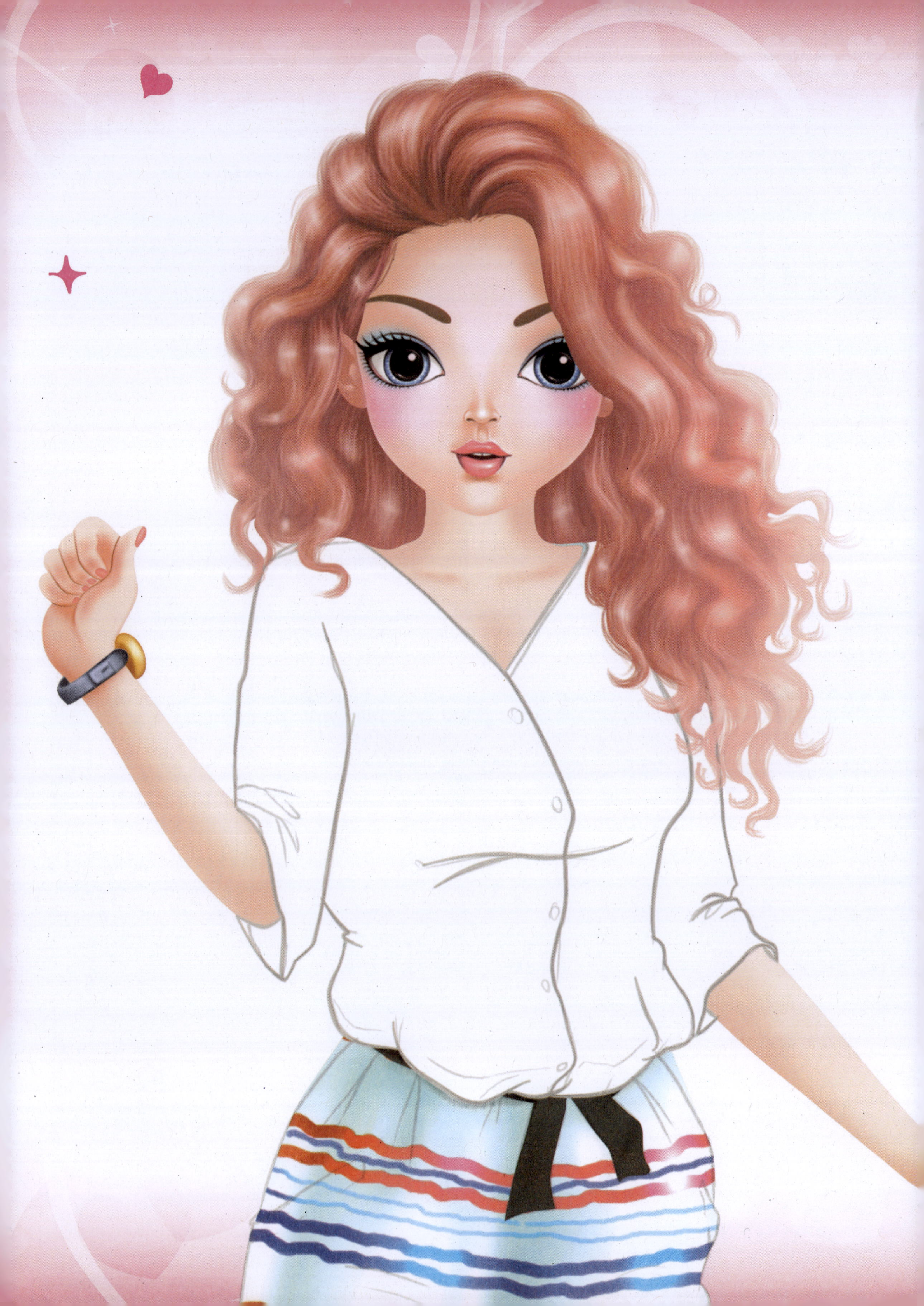

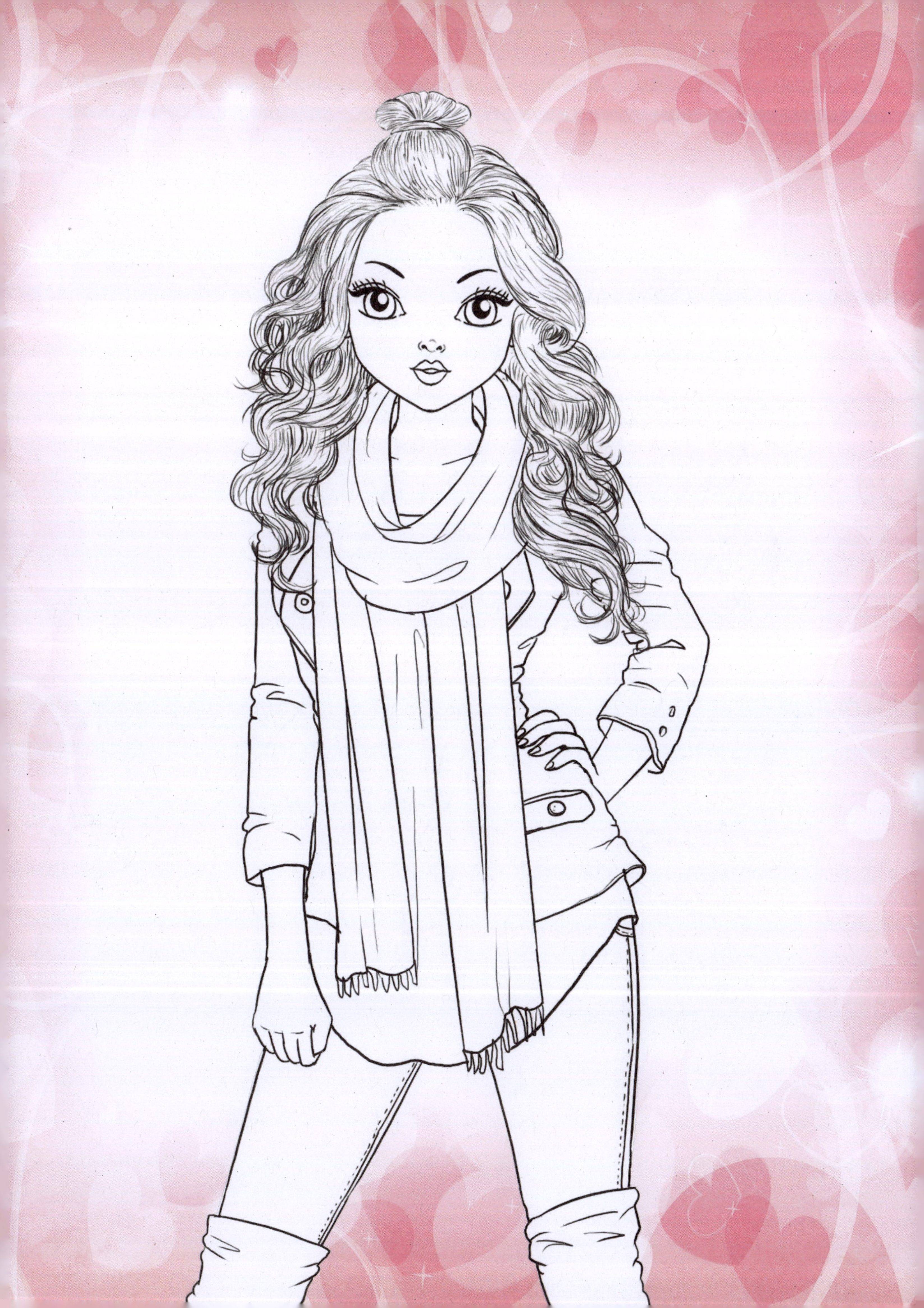

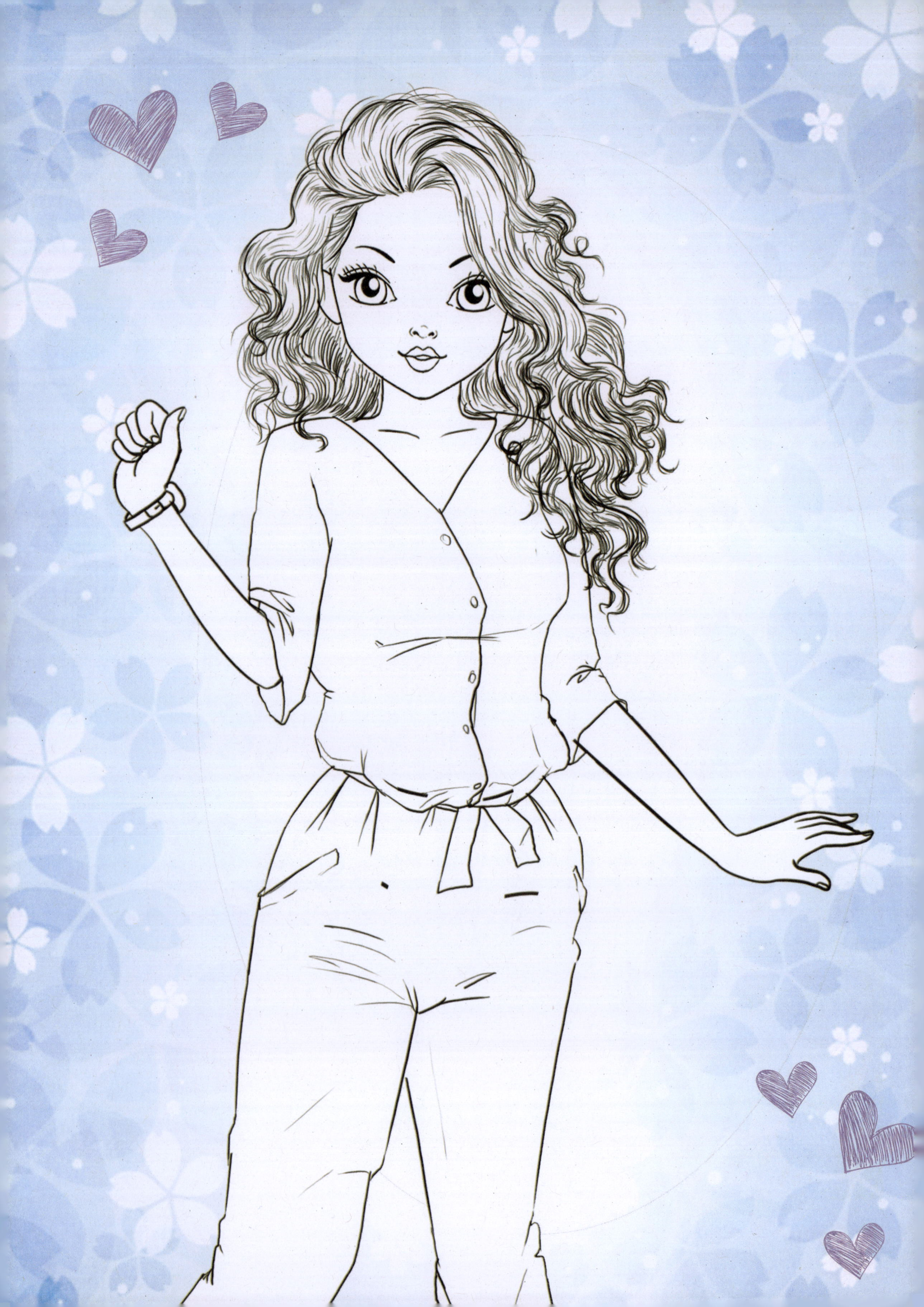

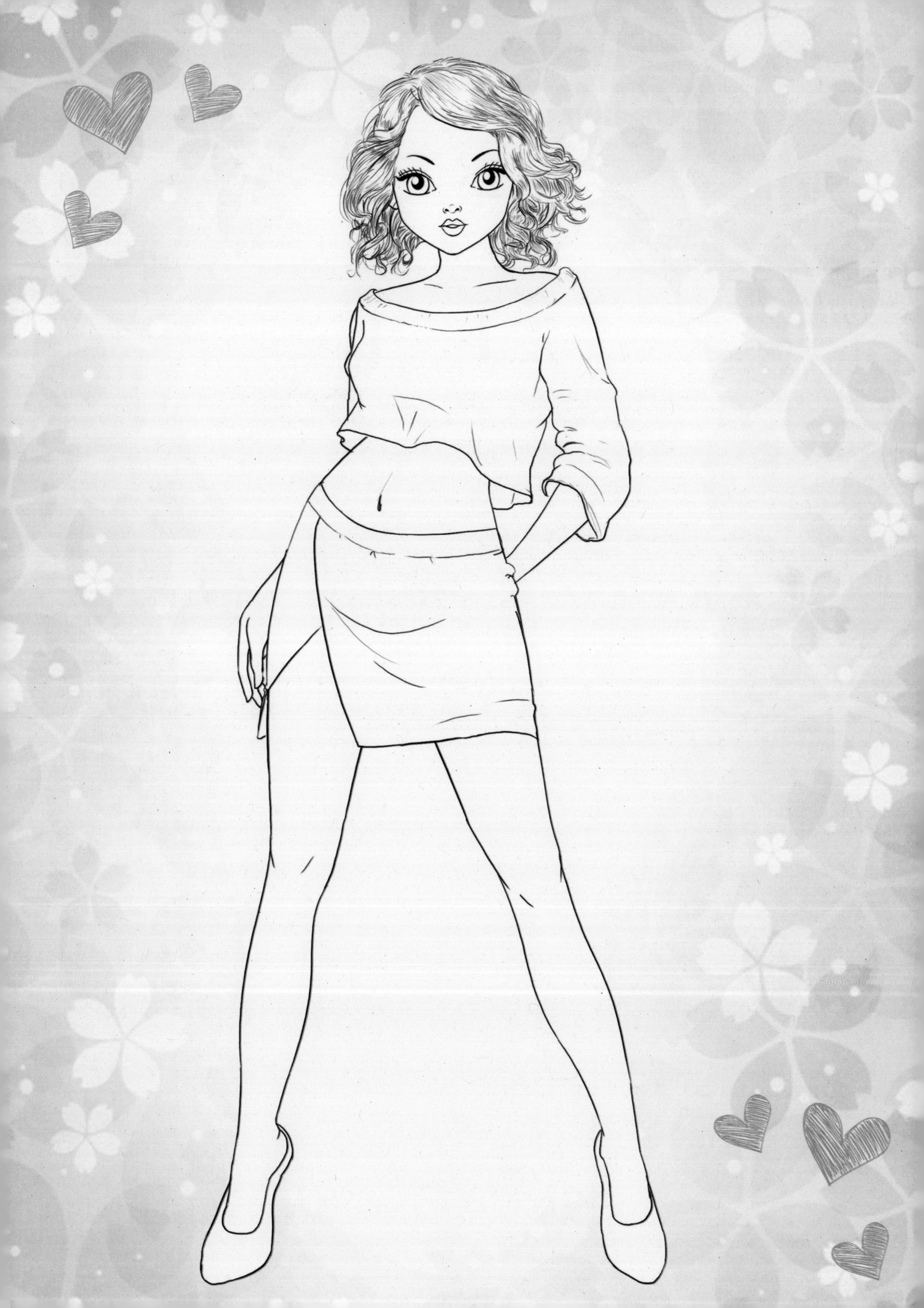

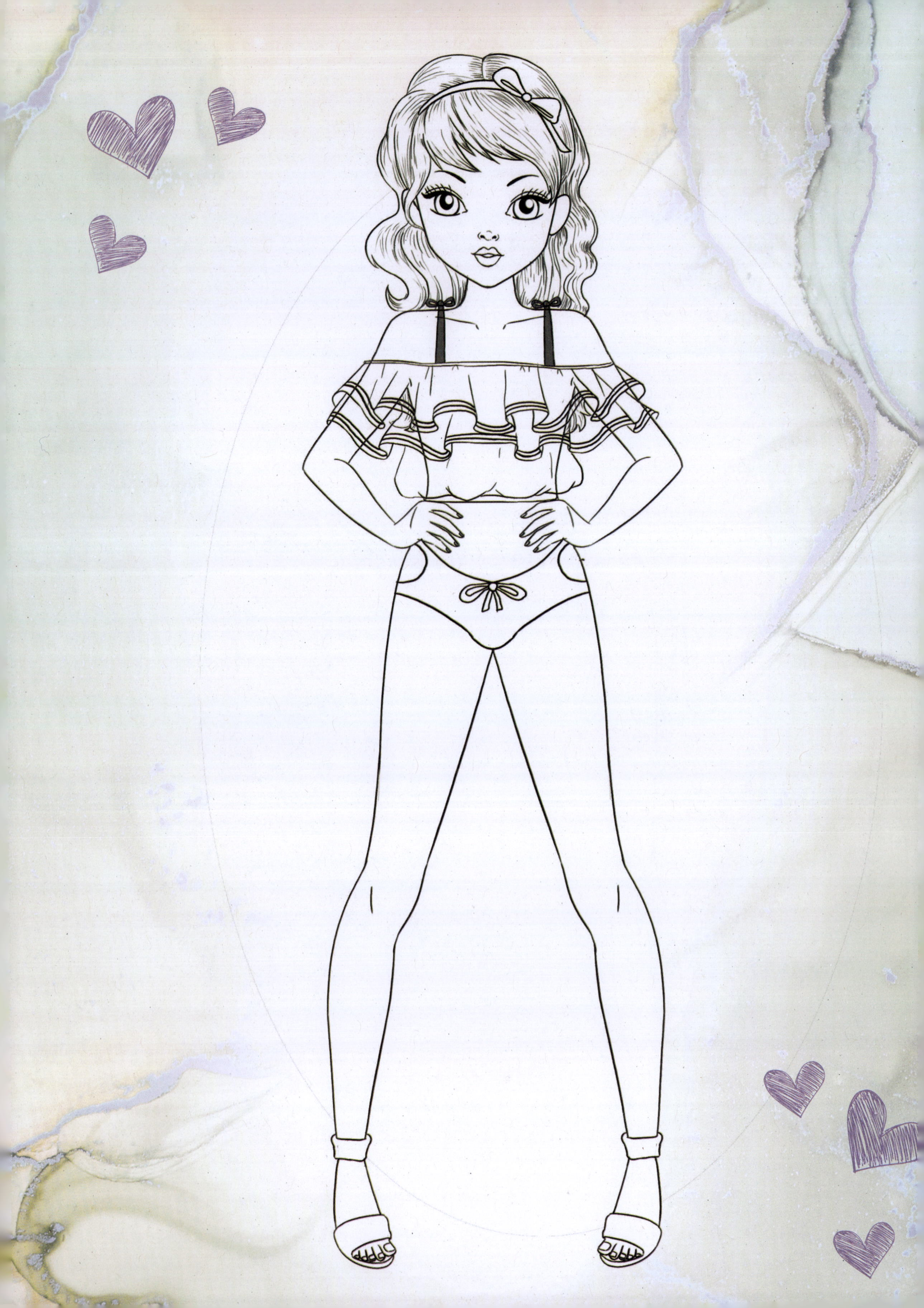

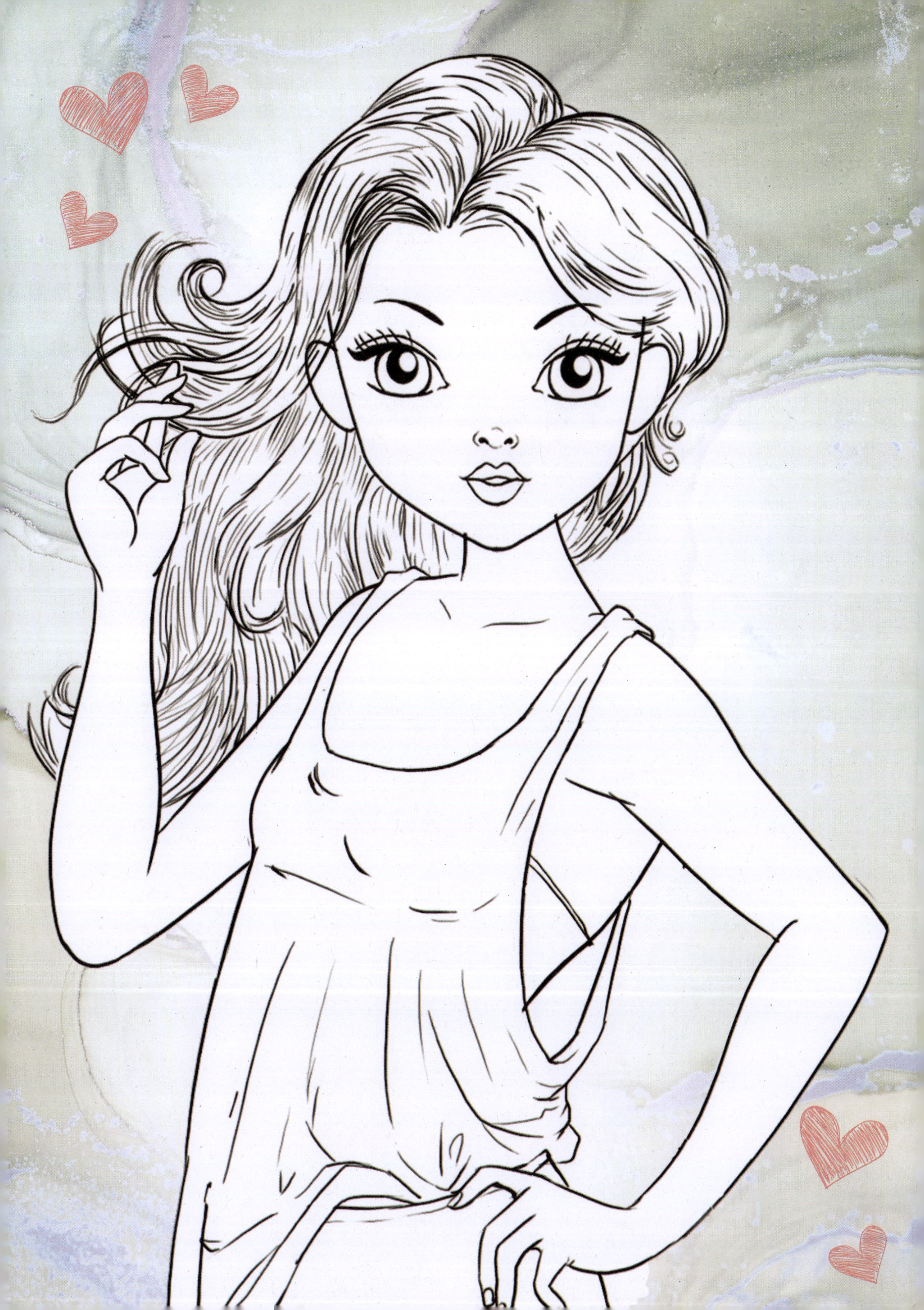

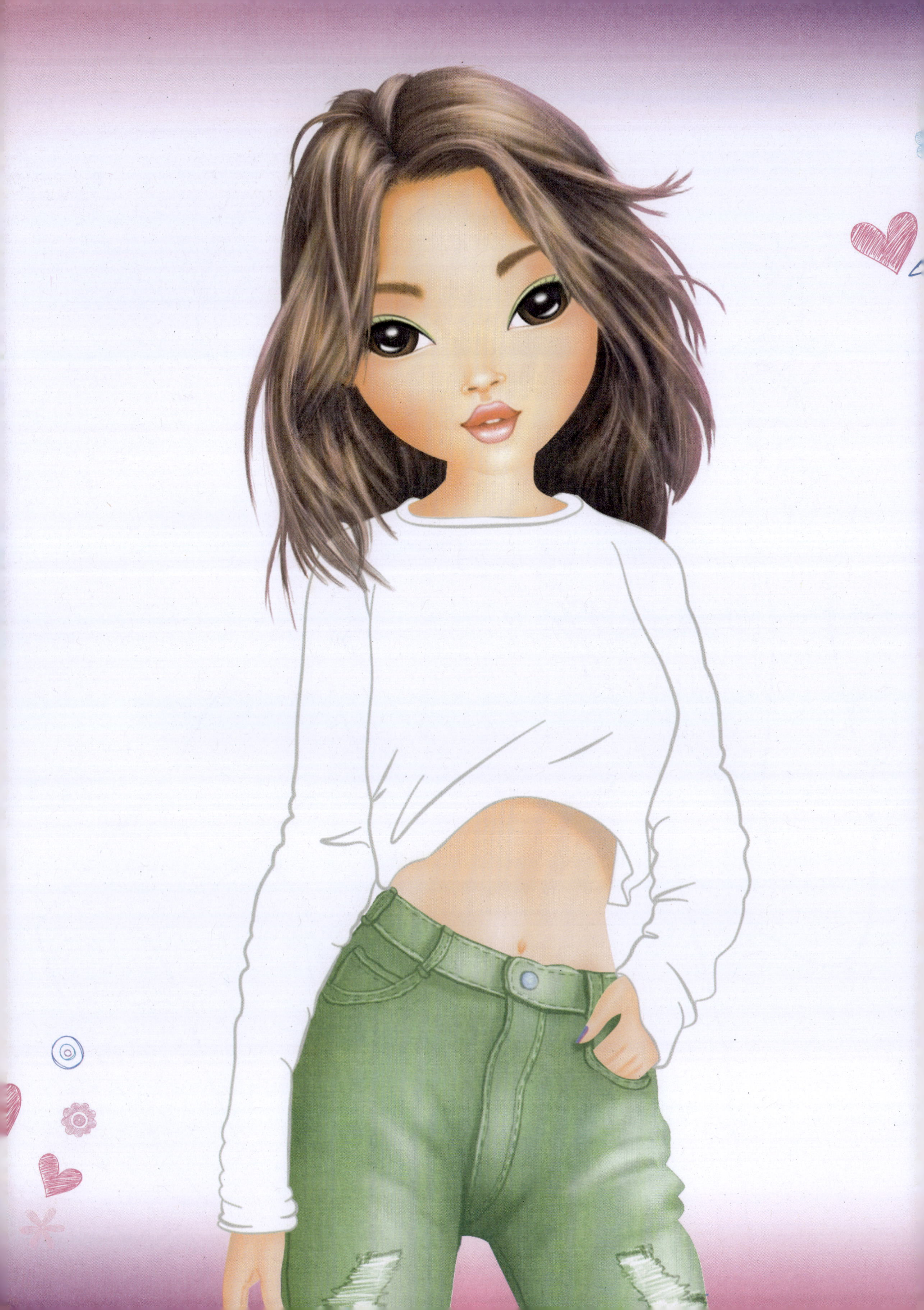

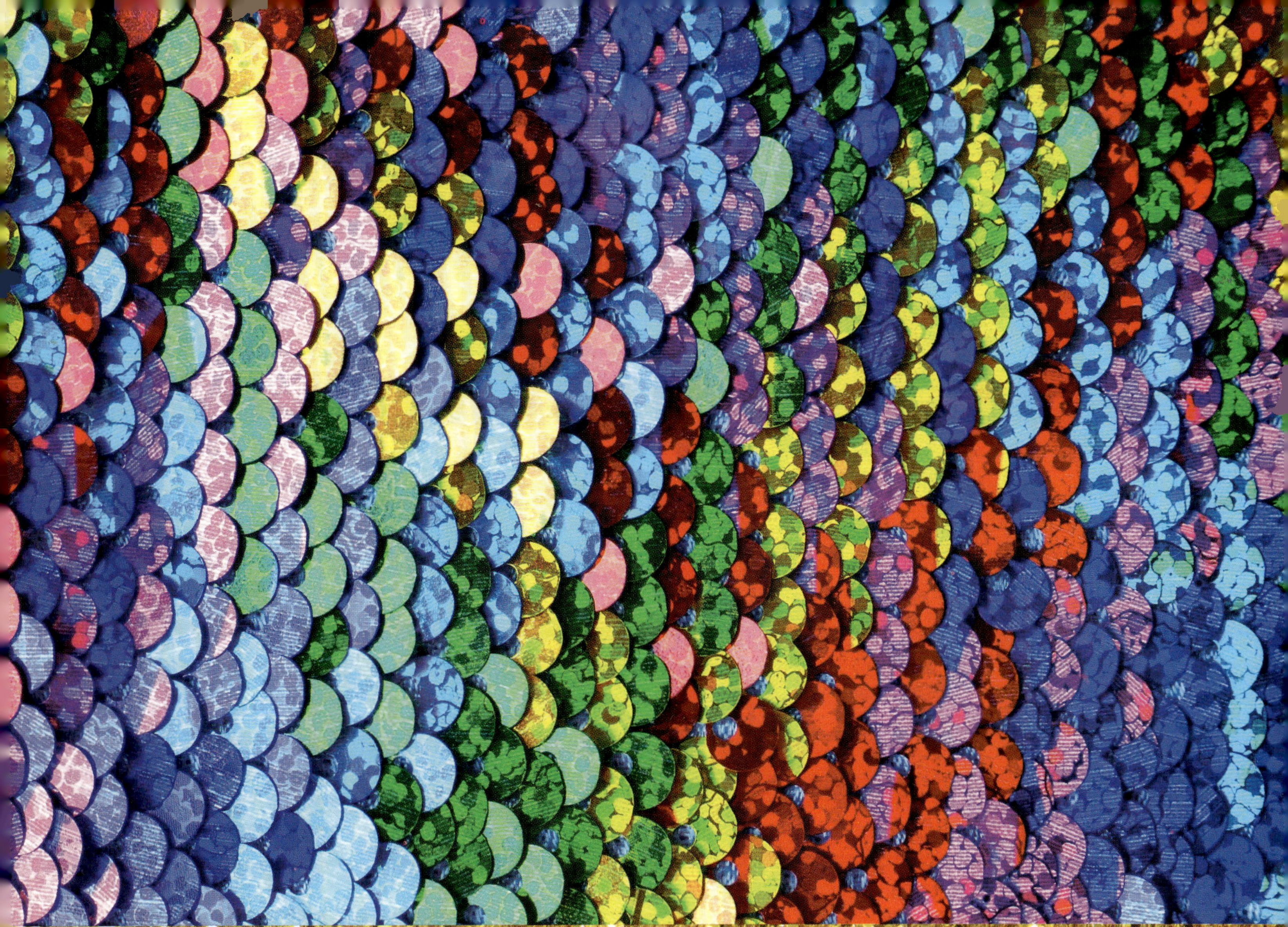
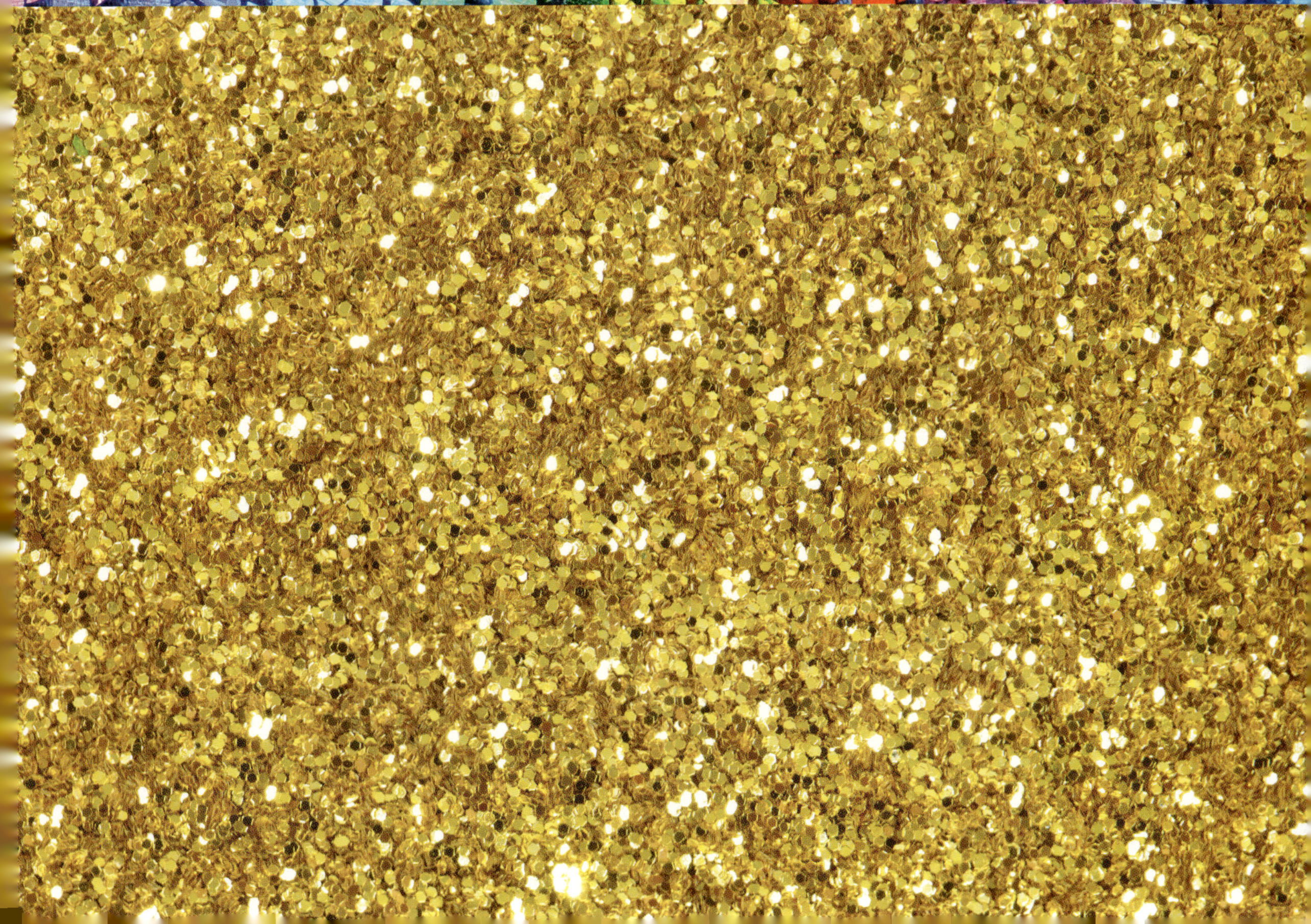

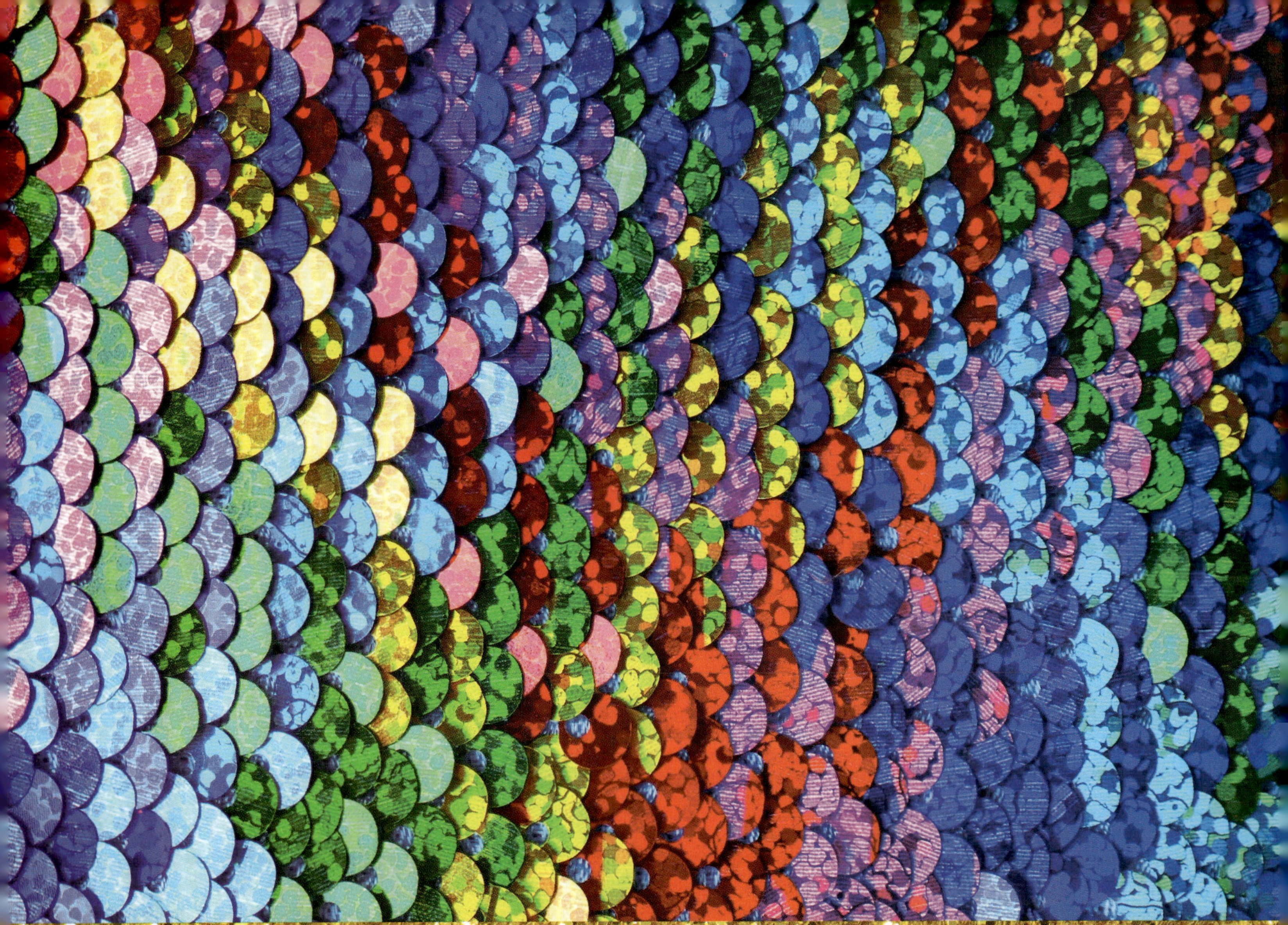
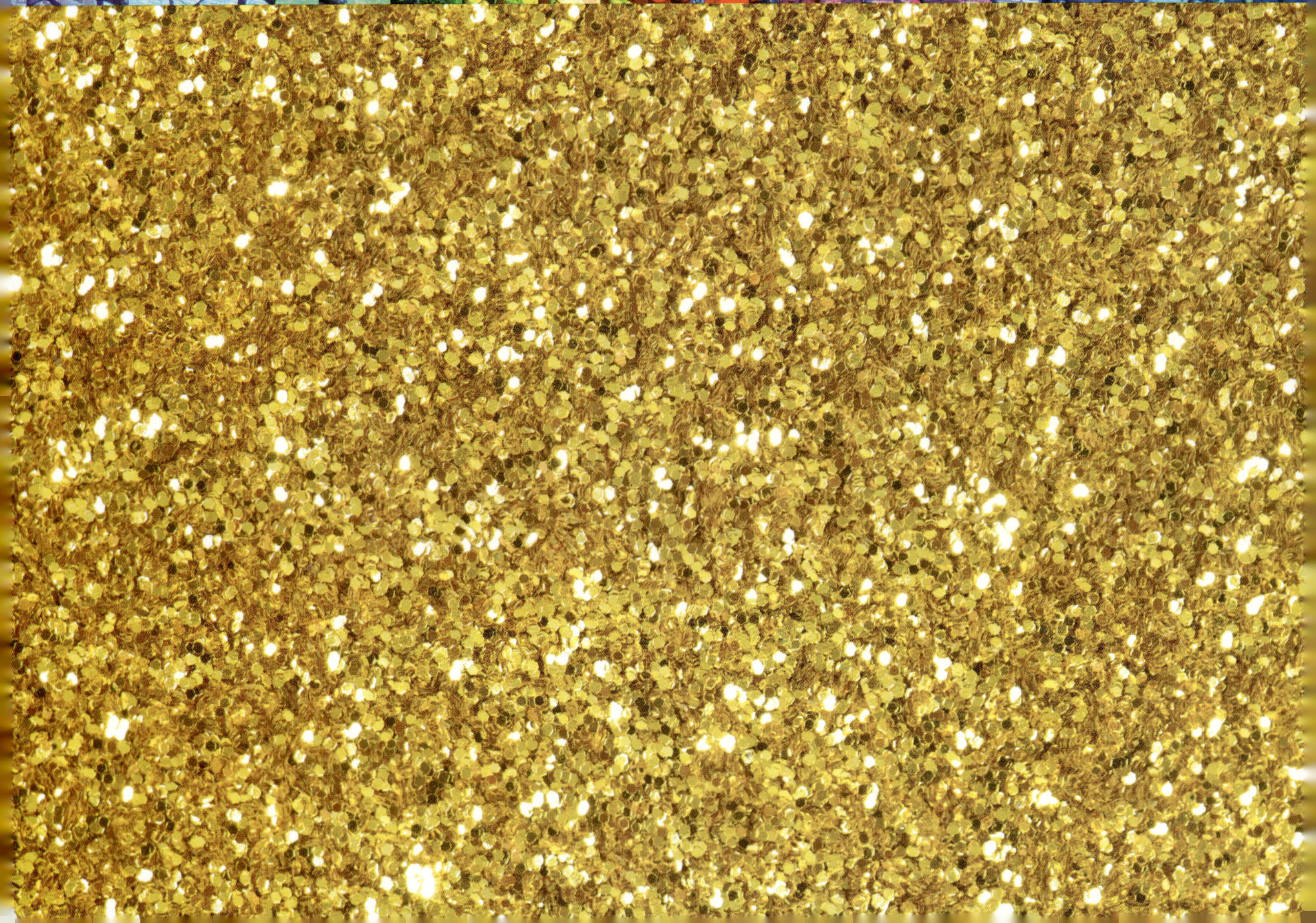

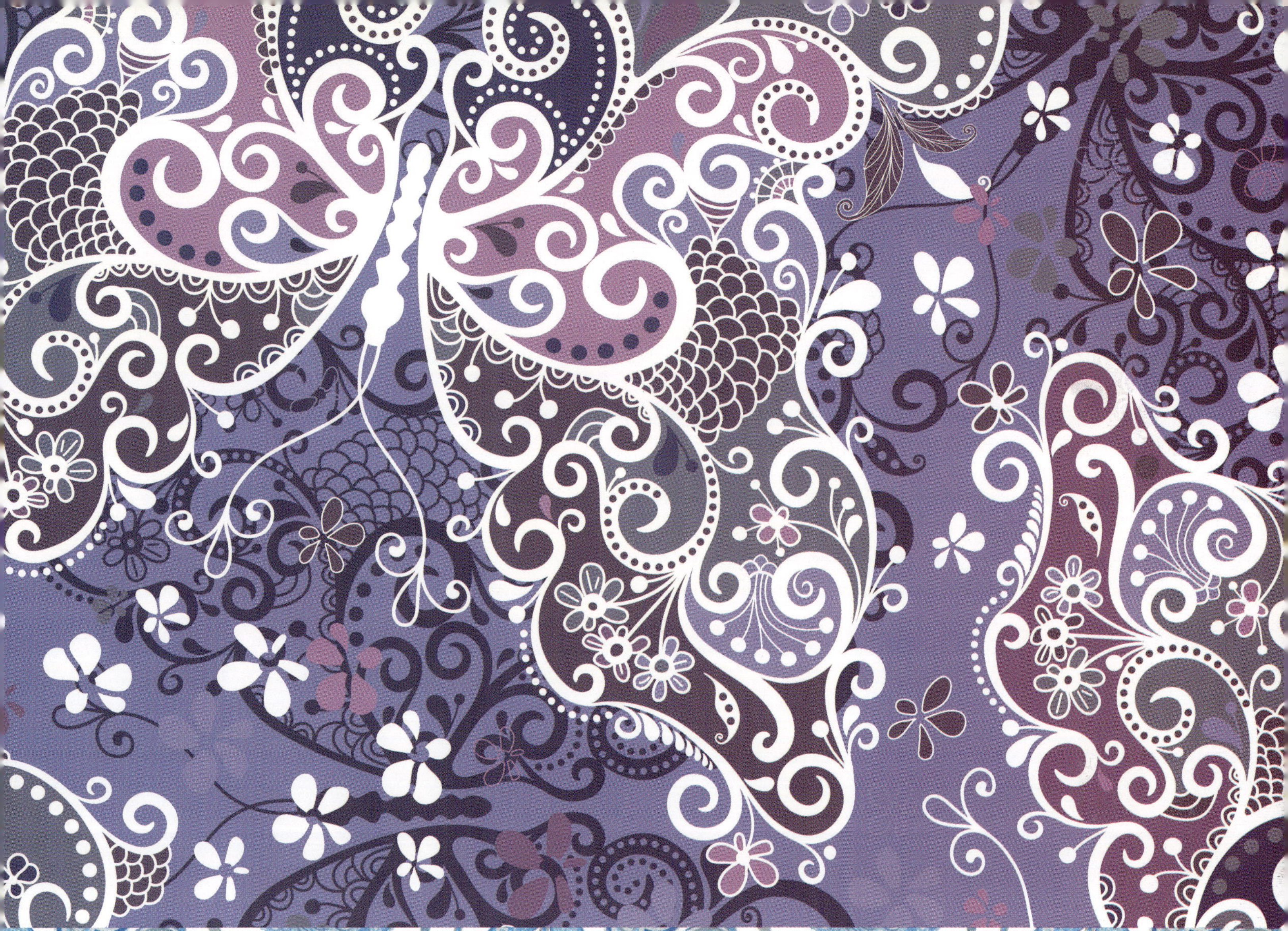

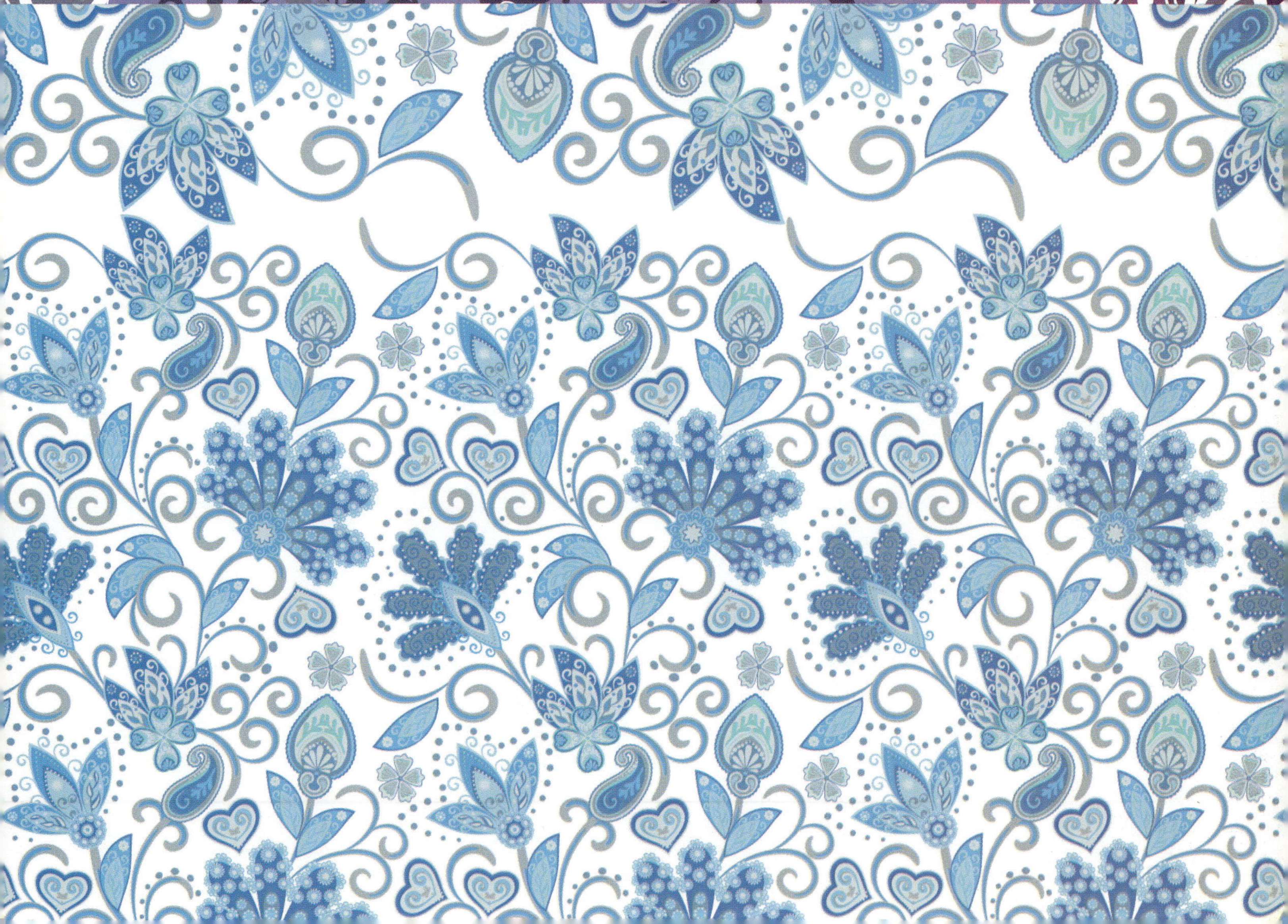

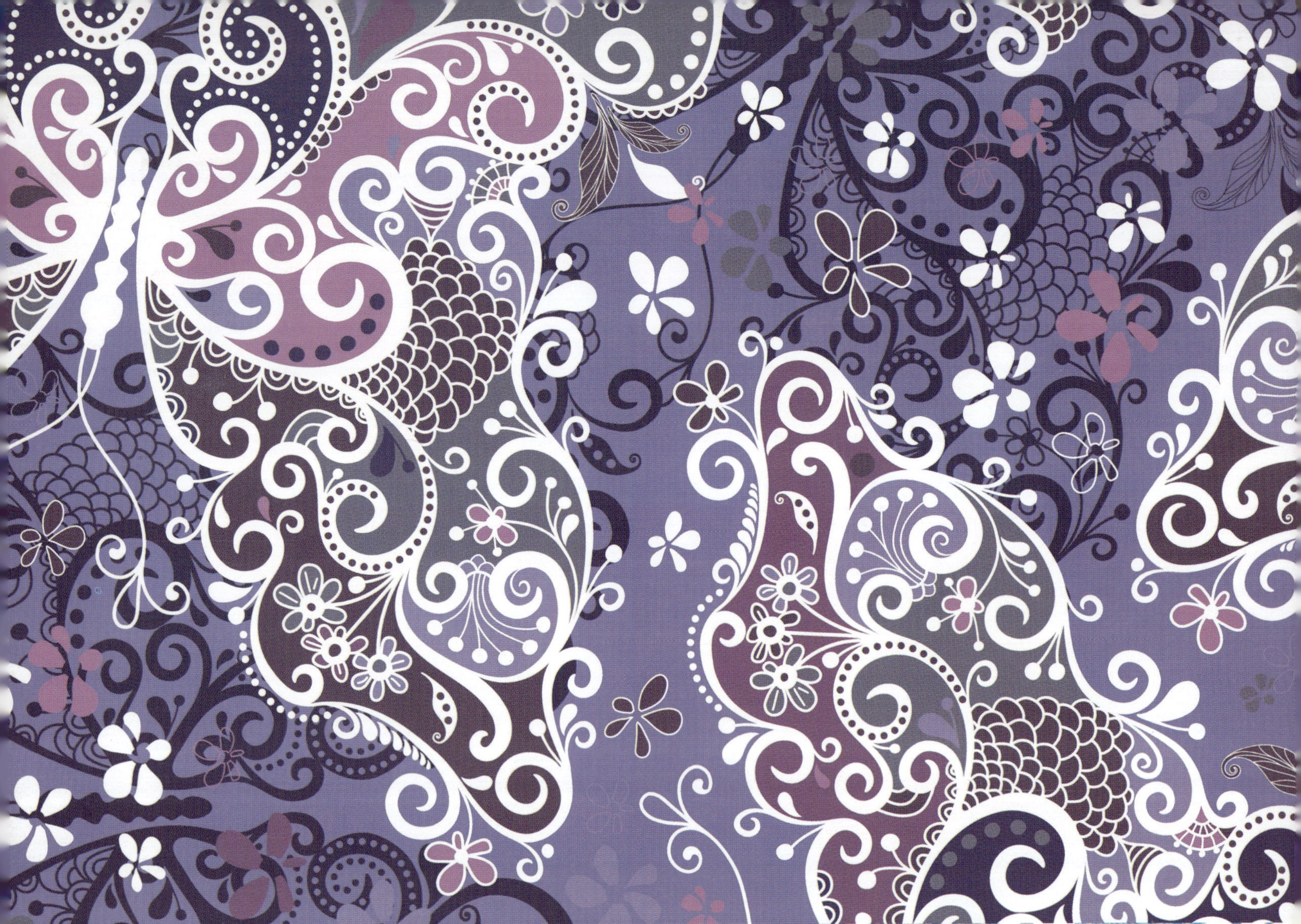

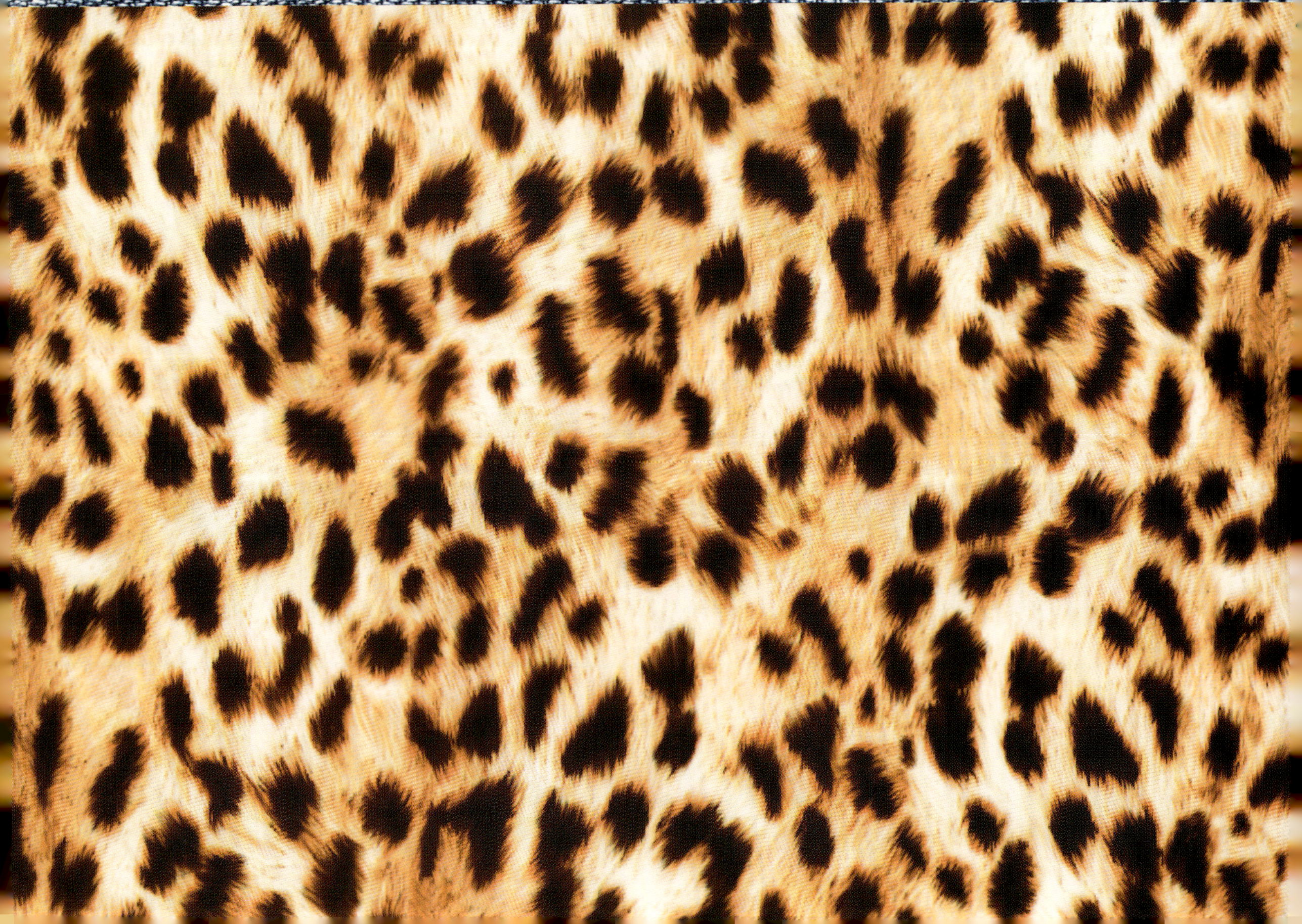

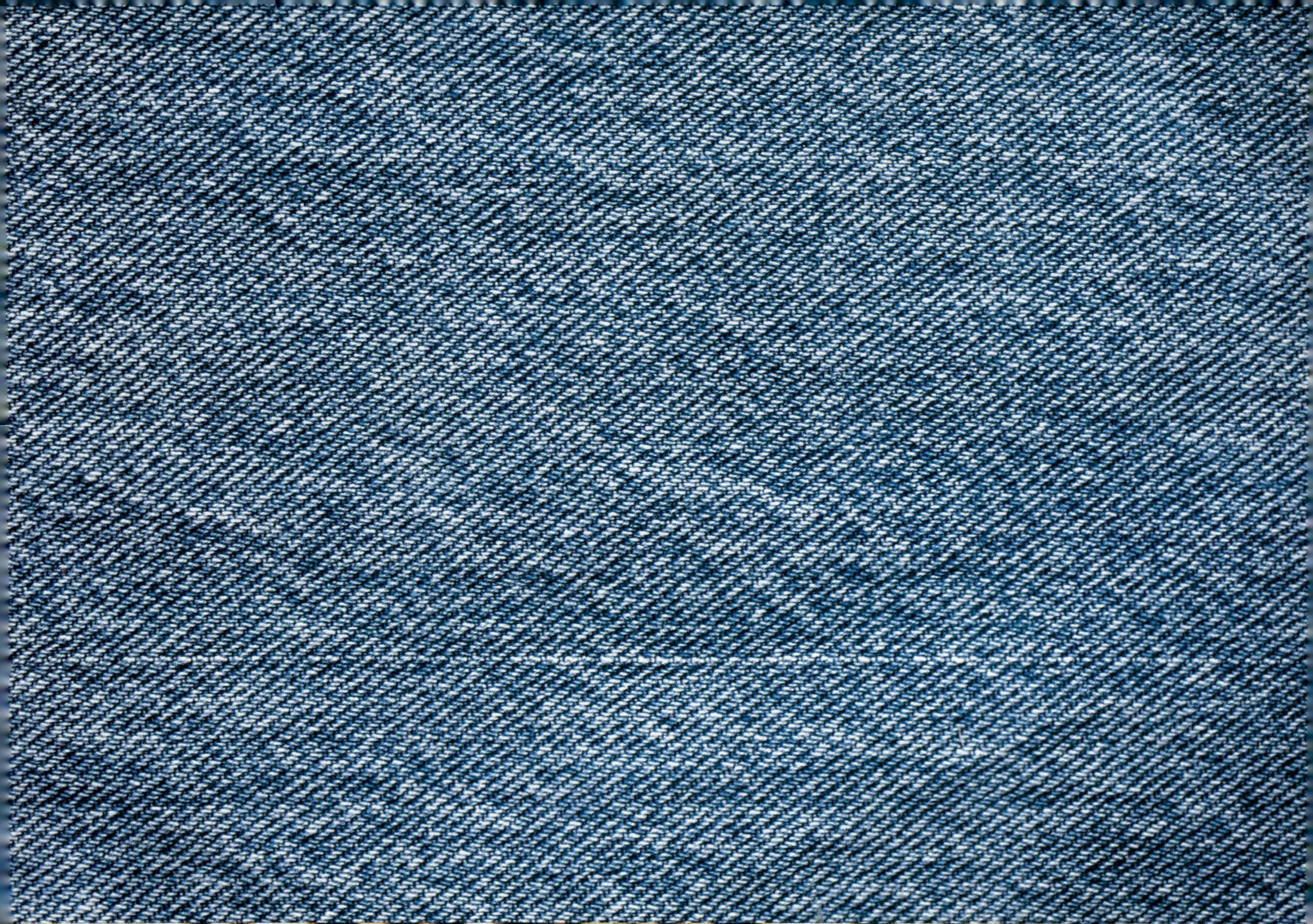
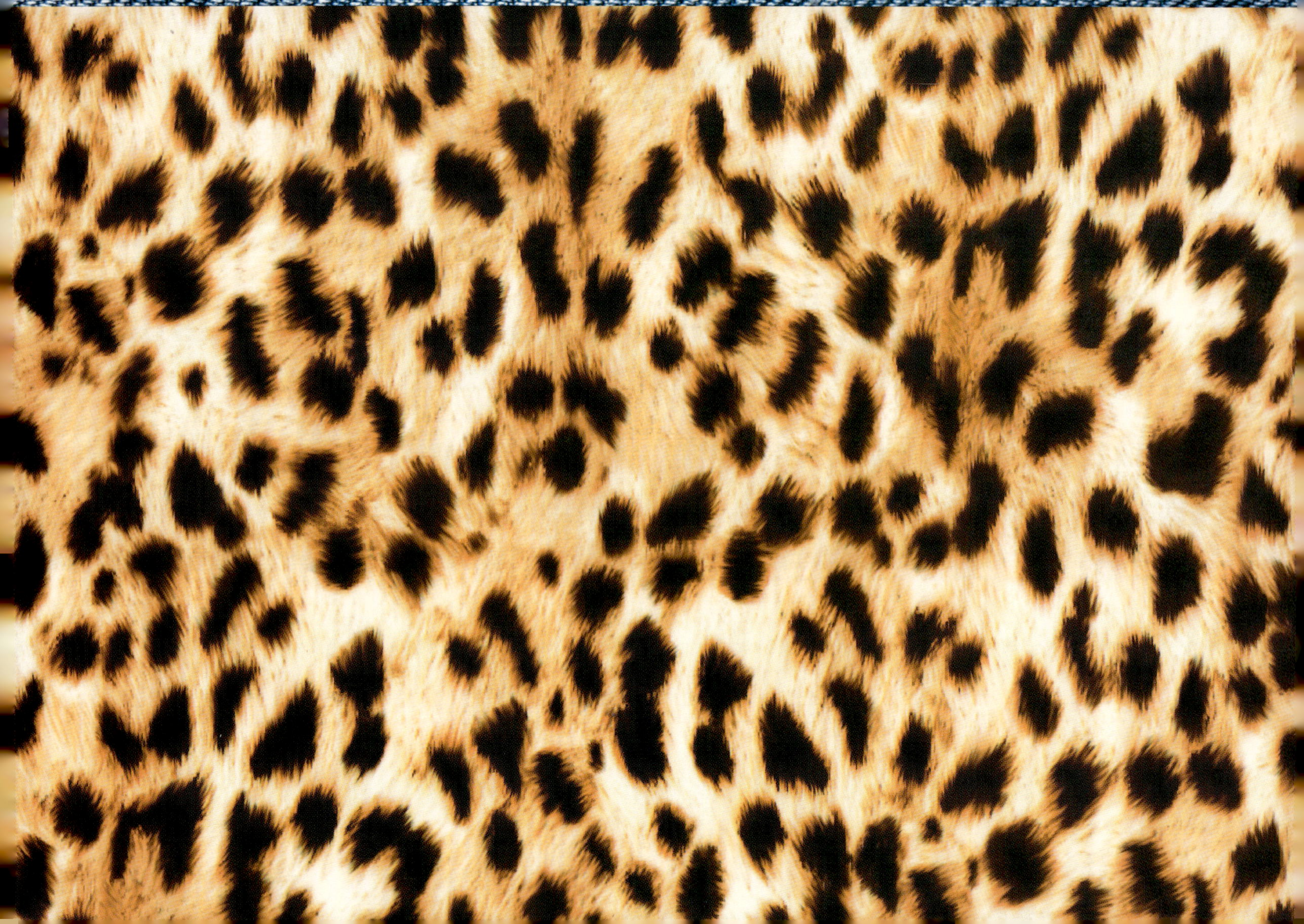

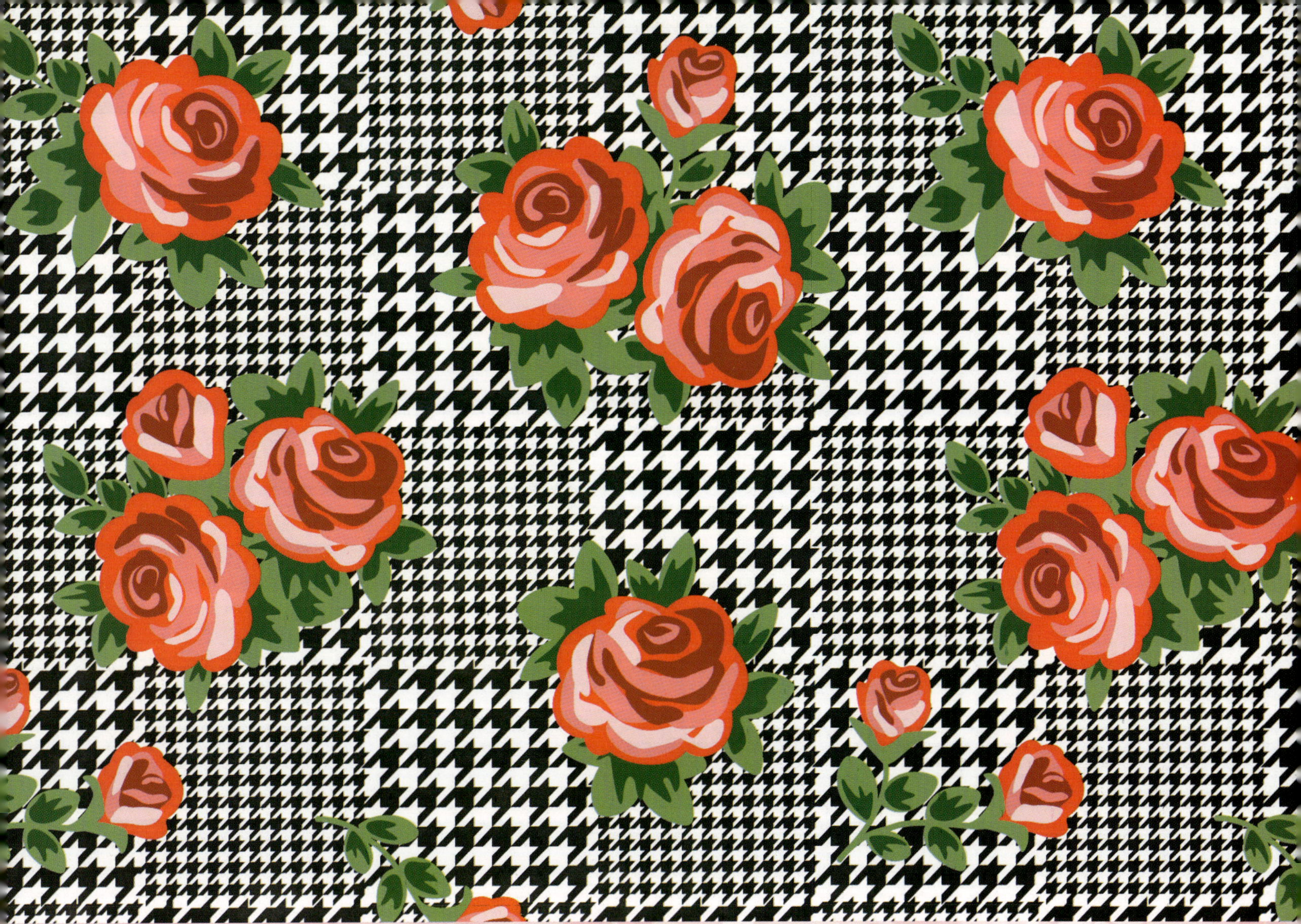

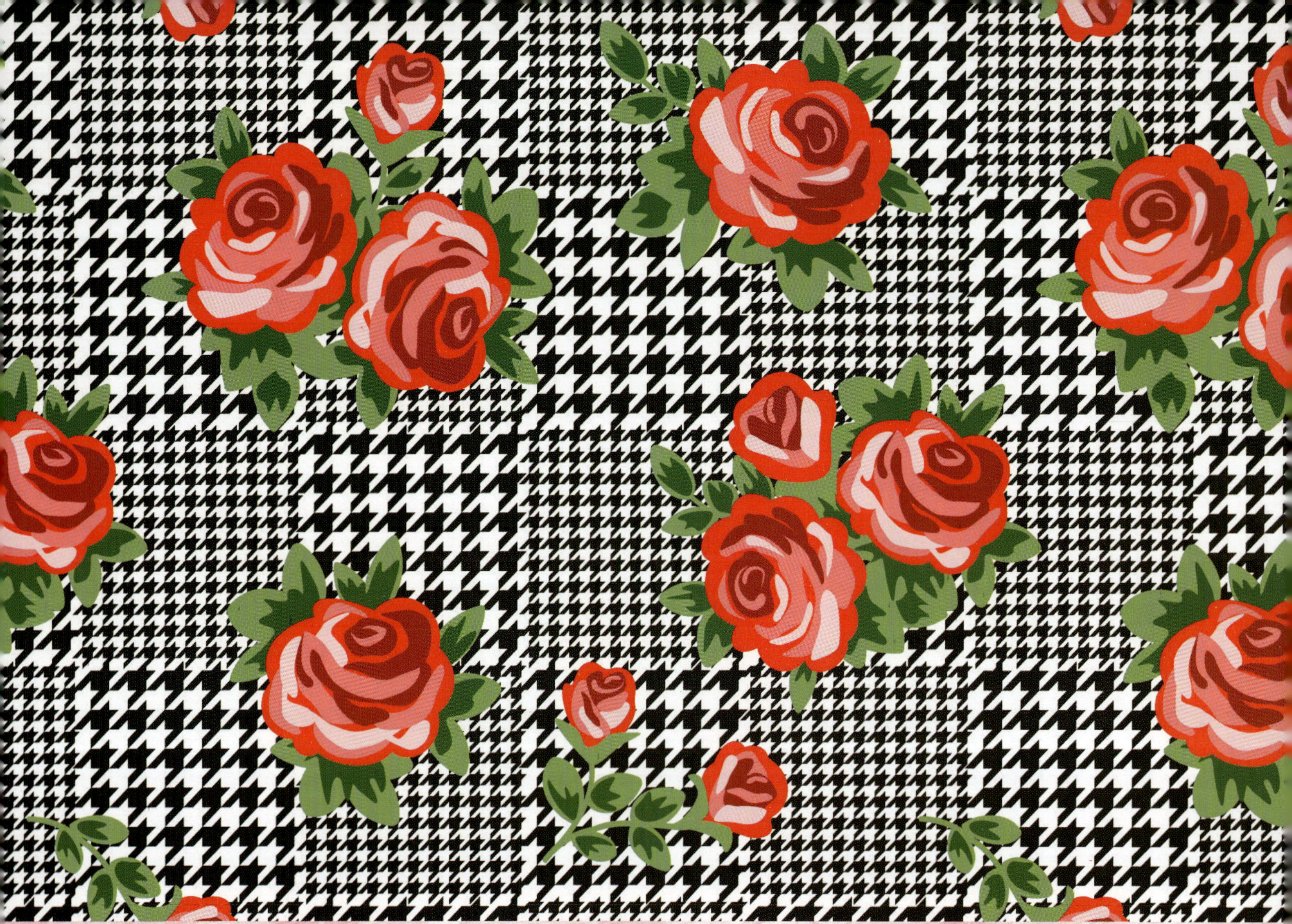

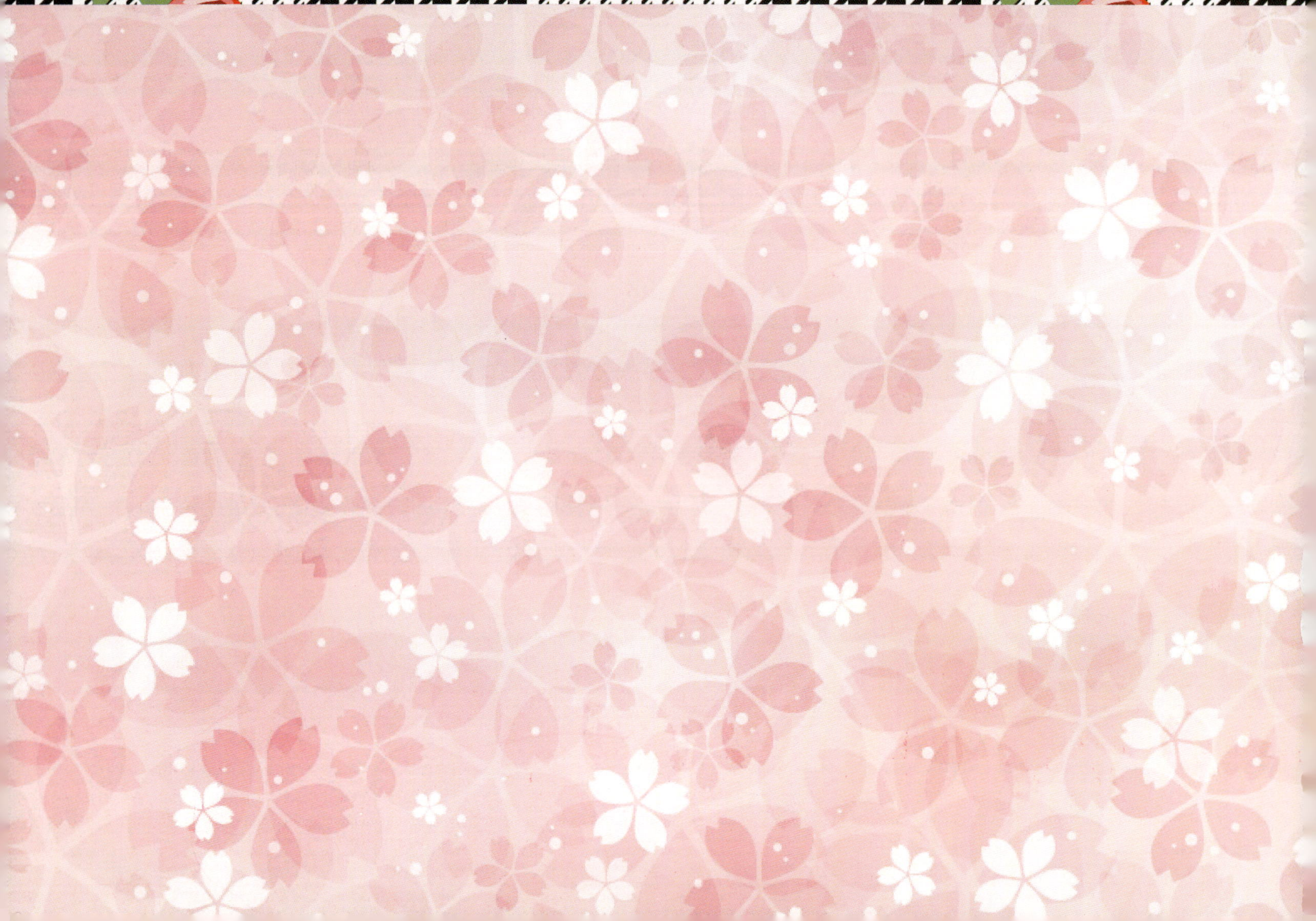